普通高等教育"十四五"规划教材

电商直播教程

杨晶　主　编
刘　斌　唐燕子　副主编

上海财经大学出版社
SHANGHAI UNIVERSITY OF FINANCE & ECONOMICS PRESS

上海学术·经济学出版中心

图书在版编目(CIP)数据

电商直播教程/杨晶主编. —上海：上海财经大学出版社,2024.6
(普通高等教育"十四五"规划教材)
ISBN 978-7-5642-4378-4/F·4378

Ⅰ.①电…　Ⅱ.①杨…　Ⅲ.①网络营销-高等学校-教材　Ⅳ.①F713.365.2

中国国家版本馆 CIP 数据核字(2024)第 089133 号

□ 责任编辑　姚　玮
□ 封面设计　贺加贝

电商直播教程

杨　晶　主　编

刘　斌　唐燕子　副主编

上海财经大学出版社出版发行
(上海市中山北一路 369 号　邮编 200083)
网　　址:http://www.sufep.com
电子邮箱:webmaster @ sufep.com
全国新华书店经销
苏州市越洋印刷有限公司印刷装订
2024 年 6 月第 1 版　2024 年 6 月第 1 次印刷

787mm×1092mm　1/16　14.25 印张　365 千字
印数:0 001—3 000　定价:48.00 元

前　言

直播行业无疑是近年来发展速度很快的行业之一。直播时代，带货为王，"直播带货"这种颠覆常规销售模式的浪潮席卷而来。直播改变了以往的商业模式，其效率更高，互动更即时，竞争也越加激烈。直播带货的下沉过程，不仅是商品自上而下的销售过程，也是商品自下而上的需求过程，而这个过程的关键环节就是直播间的主播。广大主播不仅是企业产品的导购，也是用户获得心仪产品的买手。主播通过与企业的相互连接以及与用户的相互连接，在直播间一方天地成功实现了商品销售与品牌传播，这就要求直播行业主播要具备更高的职业素养。本书对直播带货的各个环节和主播所需的各种职业素养都进行了深度诠释。

本书以项目和任务为引领，以时间为轴，让学生完成带货主播从新手到高手的三个阶段十二个项目任务。本书主要内容包括新手破局期主播（主播形象管理、直播话术撰写、主播表达表现、解放天性四个项目任务）、胜任成长期主播（主播流量承接、主播互动控场、主播避坑技巧、突破"瓶颈"四个项目任务）、精进发展期主播（打造主播专属IP品牌、打造主播爆款短视频、达人主播临场应变、走出舒适四个项目任务）。

本书通过项目导入，以项目任务书、项目指导书、项目任务考核标准及考核评价表、项目所需的知识准备为载体高度融合，化理论为实践、化抽象为具体。每个章节围绕一个项目任务，设置细分知识内容和若干个配套案例。通过运用课堂讨论、案例分析、实操操练等教学方法，注重知识的理解和灵活运用，进行"参与式"和"合作式"的课堂教学，旨在培养学生的实战能力，以便学生掌握带货主播的基本知识和操作技能。

本书可以作为应用型本科院校和高等职业院校电子商务、市场营销等专业相关课程的教材，也可作为直播、MCN机构的培训教材，同时也适合直播主播人员及有志于进入直播带货领域的创业者阅读、学习参考。

  本书由武汉工商学院杨晶老师担任主编。刘斌、唐燕子老师担任副主编、巫晓玲老师也参与本书的编写。编写中给合了抖音电商学习中心、巨量学官网、交个朋友电商学苑的相关内容，同时使用了网上的部分公开图片作为教学参考，侵权必删。

编者

2024 年 5 月

目 录

第一阶段:新手破局期 0—3 月

项目一　主播形象管理/5

项目任务操练:打造零食类年货节主播上镜形象/5

项目任务书/5

项目指导书/6

项目任务评价标准及评分表/9

知识准备/9

项目二　直播话术撰写/24

项目任务操练:撰写并录制零食类带货直播间话术脚本/24

项目任务书/24

项目指导书/25

项目任务评价标准及评分表/29

知识准备/30

项目三　主播表达表现/56

项目任务操练:面对镜头开启零食类带货直播/56

项目任务书/56

项目指导书/57

项目任务评价标准及评分表/62

知识准备/63

项目四　解放天性/80

项目任务操练:情景塑造激发主播直播情绪/80

项目任务书/80

项目指导书/81

项目任务评价标准及评分表/83

知识准备/83

第二阶段:胜任成长期 4—6 月

项目五　主播流量承接/90

项目任务操练:设计女装类直播间流量承接话术/90

项目任务书/90

项目指导书/91

项目任务评价标准及评分表/95

知识准备/96

项目六　主播互动控场/113

项目任务操练:完成女装直播间多品类带货直播/113

项目任务书/113

项目指导书/114

项目任务评价标准及评分表/118

知识准备/118

项目七　主播避坑技巧/133

项目任务操练:直播内容违禁行为替换/133

项目任务书/133

项目指导书/134

项目任务评价标准及评分表/138

知识准备/139

项目八　突破"瓶颈"/149

项目任务操练：分析行业头部主播　制订自我提升计划/149

项目任务书/149

项目指导书/150

项目任务评价标准及评分表/154

知识准备/154

第三阶段：精进发展期 7－12 月

项目九　打造主播专属 IP 品牌/160

项目任务操练：创立人设标签　设计达人直播五件套/160

项目任务书/160

项目指导书/161

项目任务评价标准及评分表/164

知识准备/165

项目十　打造主播爆款短视频/178

项目任务操练：达人种草短视频拍摄/178

项目任务书/178

项目指导书/179

项目任务评价标准及评分表/181

知识准备/182

项目十一　达人主播的临场应变/196

项目任务操练：针对直播"翻车"事件制订应对策略/196

项目任务书/196

项目指导书/197

项目任务评价标准及评分表/199

知识准备/200

项目十二　走出舒适期/211

项目任务操练：拟订品牌主理人项目计划书/211

项目任务书/211

项目指导书/212

项目任务评价标准及评分表/215

知识准备/215

参考文献/220

第一阶段　新手破局期 0—3 月

 学习目标

　　带货主播，0 到 3 个月是"新手破局期"，这个阶段新手主播刚刚踏入主播行业，面临一系列新的挑战和学习机会。

　　这一阶段的学习内容包括：主播形象管理、直播话术撰写、主播表达表现和解放天性。学习目标则是要求理论知识与实际操作相结合。通过本阶段的学习，学员应能够在妆容、服饰、仪态等方面为自己打造合适的上镜形象；为直播间撰写开场、转款、开价、价值塑造等全方位的话术；在声音控制、镜头捕捉、面部和肢体表现、个性传递等方面提高表达表现力；调整直播心态以解放天性。

 **项目导读**

带货主播发展现状及前景

　　2016 年，蘑菇街引入直播电商、淘宝开设直播功能，直播电商开始崭露头角。经过短短几年，直播电商得到迅速发展，人们有了新的购物方式和习惯。2018 年，抖音、快手等短视频内容平台也加入直播电商的阵营，通过直播卖货的方式充分发挥短视频流量的变现能力，从而在真正意义上实现电商闭环，直播电商行业进入了加速期。此后，各大平台不断加大对直播电商的投入，淘宝直播更是诞生了李佳琦等头部现象级主播。

　　根据《2023 年（上）中国网络零售市场数据报告》[①]，2023 年上半年直播电商交易

---

① "一带一路"TOP10 影响力社会智库网经社电子商务研究中心发布。http://www.100ec.cn/zt/2023 Swllss-cbg/。

规模约为19 916亿元,预计全年交易规模达到45 657亿元,同比增长30.44%。2017—2022年,国内直播电商市场交易规模分别为196.4亿元、1 354.1亿元、4 437.5亿元、12 850亿元、23 615.1亿元、35 000亿元;可见电商直播发展之盛。

直播带货之所以如此火爆,是因为它提供了比传统电商更为丰富的产品展现形式,配合主播的形象和解说,使得产品的转化率大大提高。在直播环境中,主播(人)、商品(货)以及直播场景(场)三者相互协同,形成了互动、娱乐、购物一体的综合体验。其中,在这个引领消费的浪潮中,带货主播无疑是直播电商的引航者,他们以独特的魅力和专业的产品推广能力,将传统零售与互动娱乐相结合,创造了全新的购物体验。2020年,人社部联合国家市场监管总局、国家统计局发布了9个新职业,其中,在"互联网营销师"职业下增设"直播销售员",带货主播成为正式工种。在直播电商这一风口下,越来越多的人成为带货主播,无论是网红明星,还是普通素人,又或者是兼职的宝妈、学生。截至2022年底,我国网络表演(直播)行业已经累计开通了超过1.5亿个主播账号。

那么带货主播的就业趋势如何呢?目前的直播带货分为两种:一种是以品牌的形式出现的店播,多为垂类直播间,适合素人;另一种则是以个人的形式出现的达人播,多为明星、网红、达人与电商。对于新手来说,要成为一个备受欢迎的达人主播可能面临一些挑战,因为观众群体可能相对缺乏。因此,新手可以考虑在电商店铺中进行直播。这样做有几个优势:首先,店铺直播可借助抖音平台的流量支持和各种激励政策;其次,店铺直播有助于快速提升新手的主播技能;最后,店铺主播通常会自带一定的观众流量,其中还包括品牌的流量。

在直播带货过程中,主播(人)、商品(货)以及直播场景(场)三者相互协同。其中,人不仅包括主播,还有场控、主播、助播、中控、投手和运营,他们分工不同,但都扮演着十分重要的角色;商品则是直播电商的核心内容,主播通过直播形式向观众展示并介绍商品,使其更具吸引力,商品的品质、特色以及价格都是影响购买决策的关键因素;直播场景是指整个直播的环境和氛围,其中也包括人和货的匹配。了解了"人、货、场"的概念后,主播需要盘点现状,从而做好自我定位与规划。

如果新手主播当前没有货源和经验,可以考虑以下途径:一方面,可选择加入一家专业的直播带货公司,通过合作进行直播销售;另一方面,可着手打造个人品牌,积累专业知识,通过广告变现或知识付费的方式赚取收入。如果新手主播已经具备了货源,则可以考虑自主创业,建立自己的电商公司,甚至考虑代运营品牌。若拥有线下实体店,则可以通过线上引流或吸引同行加盟,扩大业务规模。

在直播带货这个商业模式中,有诸多发展的可能性。一些主播的粉丝数量达到百万级别甚至千万级别后，独立创立品牌，成为品牌的主理人或创始人。此外，带货主播的转型赛道十分宽广，具备足够的直播带货经验和技能后，可以转型为直播运营师、培训师、主播经纪人等。一名专业的带货主播需要具备以下几种能力：

(1) 懂产品、懂客户：懂产品、懂客户是成为优秀带货主播的基本素质。首先，通过深入了解目标客户群体，了解他们的需求、偏好和痛点，以更精准的方式推荐产品；其次，掌握产品的卖点同样至关重要，了解产品的独特之处，能够为用户提供独特价值，使其在市场中脱颖而出；最后，给产品赋予价值也是一项关键任务。主播需要向他们传达该产品的实际价值，并强调此刻购买的性价比。这种信息能够改变用户对产品的看法，促使用户产生购买欲望，从而提高销售转化率。

(2) 表达表现力：主播的表达表现力是吸引和留住用户的一大关键，其中包括个人形象、镜头的表现力、画面展现力、语言表达力以及声音的掌控力，五者缺一不可。通俗来讲，主播的形象须悦目得体、镜头画面须美观自然、肢体表情须生动形象、语言互动须风趣幽默、声音须清晰洪亮。

(3) 数据精优化：评估主播能力与带货质量的一大指标就是转化率。客户是否愿意在直播间停留、是否愿意互动、是否愿意点赞、是否愿意关注并加入粉丝团，以及是否愿意购买产品是影响流量的五个维度，即进入停留、引导评论、曝光点击、关注加团和点击成交。对这些数据的复盘以及深入理解它们的本质和逻辑是带货主播必备的能力。作为主播，你即使只能决定30%的流量，只要你能够充分利用这30%，你也就能够战胜70%的同行。

(4) 感流量、调节奏：主播应能够感知流量的到来和离去，并灵活调节直播的节奏。直播的流程并非一成不变，而是需要根据观众反馈和情况做出及时调整，使整个直播过程既有生气又有秩序。节奏的调整并不是一味地追求快或慢，而是要有序进行，这项技能的关键在于理解何时需要提升直播的紧凑感、何时需要减缓并创造更轻松的氛围。通过感知流量的变化，你可以更好地满足观众的期望，提高互动性，从而增强整体的观赏性和吸引力。

综上，专业的带货主播应培养这些能力，并付诸实践。这是一个渐进的过程，需要通过系统性的学习和实践来逐步提升。

本书将新手主播的学习阶段分为0—3月的新手破局期、4—6月的胜任成长期，以及7—12月的精进发展期。在这三个明确定位的阶段中，主播将经历从初学者到经验逐渐丰富、能力逐步提升的过程。在新手破局期，主播需要初步掌握直播基本技能，完整地完成一场直播。该阶段的关键是把产品讲好、讲清楚，让更多用户下单。随后，进入胜任成长期，此时主播不仅需要继续完善直播的基础技能，还要优化产品话术和直播节奏，以提高直播间的关键数据和成交总额（GMV）。在这一阶段，主播不仅是产品的介绍者，更需要深入了解客户的心理和想法，做好品类的组合与数据的分析，具备运营思维，以更灵活地承接和引导流量。这个时期的关键在于在直播过程中更好地满足观众的需求，使其更愿意购买推荐的产品。在精进发展期，主播已经具备了丰富的经验，成为一名较为成熟而专业的主播。在这个时候，主播可能已经深耕多品类的垂直领域，同时成功打造个人"人设"，不仅能够运用丰富的经验与数据进行直播间的引流，还能在一定程度上主导直播策划。

接下来的各个章节将对每一阶段进行详细介绍，并提供细致且实用的学习计划与建议。

项目一　主播形象管理

 项目任务操练：打造零食类年货节主播上镜形象

2024年龙年伊始，良品铺子策划了一场"良辰美景，龙腾盛世"的线上促销活动。良品铺子作为销售高端零食的专业品牌连锁企业，在龙年来临之际，为了回馈18年来粉丝的衷心支持，决定在2024年龙年春季直播，全线产品计划降价20%～40%，和全体"良家人"一起，共同迎接美好的龙腾盛世。

 **项目任务书**

项目一任务书的内容见表1-1。

表 1-1　　　　　　　　　　　项目一任务书

理论学时	2课时	实操学时	4课时
知识目标	(1)对主播上播妆容标准有初步认识 (2)清楚主播妆容对直播间的数据影响 (3)掌握主播妆容个性打造的基本流程		
技能目标	(1)掌握主播上播前的底妆、眼妆、口红、腮红等基础妆容的化妆技能 (2)结合直播间内容，搭配适合直播间内容、调性的妆容配饰		
素养目标	(1)培养上播前个性形象严要求的职业习惯 (2)建立个人形象与品牌调性相结合的工作思维		
项目任务书描述	(1)完成上播前的个人妆容、发型设计 (2)完成上播前的个人服装穿搭和饰品配饰设计 (3)完成直播过程中表情、手势、站/坐姿的动作设计		
学习方法	(1)动手实践 (2)对标账号学习		

续表

理论学时	2课时	实操学时	4课时
所涉及的专业知识	(1)主播形象与品牌塑造 (2)主播上镜妆容打造 (3)主播上镜服饰选择 (4)主播礼仪姿态规范		
本任务与其他任务的关系	本任务作为课程的第一个任务,通过本任务的练习,提前为直播间打造一个美观的直播间视觉体验,为后续任务的高标准完成提前奠定良好的基础		
学习材料与工具	基础化妆品一套(妆前乳、粉底液、散粉、眼影盘、腮红、口红等)		
学习组织方式	全部流程以个人为单位组织,完成整个作业的所有内容		

 项目指导书

完成本项目全部的基本路径见图1—1。

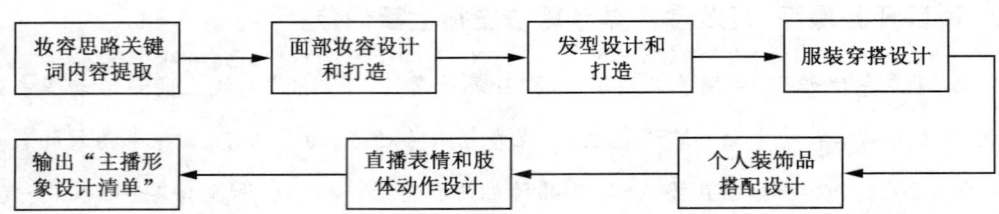

图1—1 完成任务的基本路径

第一步:妆容思路关键词内容提取。

直播间的带货主播某种程度上与代言人相似,因为他们在产品代表和品牌形象塑造方面承担着同样的使命。运用匹配理论分析可知,主播形象与产品或品牌形象,以及主播形象所传递的信息与产品或品牌信息,都要和谐一致。实现了上述匹配,将使主播更为可信,会对用户的购买意向产生积极影响。

第二步:妆容和发型设计和打造。

面部妆容打造分底妆、定妆、修眉、眼线、眼影、腮红、睫毛、口红八大步骤。基础妆容的重点在于底妆,一定要清透、自然,可以选择与皮肤颜色最接近的粉底,用手指轻轻推匀,让粉底与皮肤贴合。建议不要使用海绵,否则容易产生厚重感。描画眉毛的重点是让眉头处尽可能保持原有的形状,看起来自然为佳,眉锋处色彩最深,眉尾处转淡,眉色的深浅变化能增加眉毛的立体感。眼线、眼影,不宜选用夸张的颜色,大地色系很适合亚洲人的皮肤,是最不易出错的颜色。口红选择与唇膏或唇彩颜色相近的唇笔,画出自己喜欢的唇型,再用唇刷沾上,填满双唇。

妆容和发型的设计,可用表1-2记录。实践的过程,请用照片及文字记录。

表1-2　　　　　　　　　　　　个人妆容发型设计

姓名	对标妆容	妆前	妆后	设计思路

注:对标妆容、妆前、妆后均为图片,设计思路为文字描述。

第三步:服饰饰品搭配设计。

直播间尽量选择浅色系的,因为穿黑色就会显得面部很亮。如果实在喜欢深色系的,就可以选择深咖色、深灰色。但是浅色衣服显得干净、温柔、阳光,不压抑。

直播间没有季节的分别,在直播间不能穿得太多,不能穿大高领毛衣,穿大棉袄上去直播,会让人感觉不专业而且压抑,还要避免穿太休闲的衣服,比如大宽T恤,松松垮垮的,展示不出来自身的优势和气质。有时候直播最好选择方便的衣服,比如打PK要动来动去。也要搭配得好,很多姐妹们冬天的时候,上面穿得好好的,下面穿个大睡裤,往后一站,真的很不雅,而且会给直播间粉丝一种很敷衍的感觉。

尽量选择一些设计款的衣服,可以是泡泡袖、一字肩、复古方领或者改良旗袍,V领能够拉长脖子的线条,会让人看得更舒展。衣服不要太暴露了,太夸张的衣服不但不能给自己上镜加分,还让人觉得很廉价,虽然官方也会格外的关照,但是一定要注意上镜穿着的尺度。服饰穿搭设计,可用表1-3记录。

表1-3　　　　　　　　　　　　服饰穿搭设计

姓名	对标穿搭	服装设计	配饰设计	设计思路

注:对标穿搭、服装设计、配饰设计均为图片,设计思路为文字描述。

第四步:主播表情和肢动作设计。

主播表情和肢体设计可参见成熟直播室高人气主播,如图1-2、图1-3。

图1—2 表情和肢动作设计

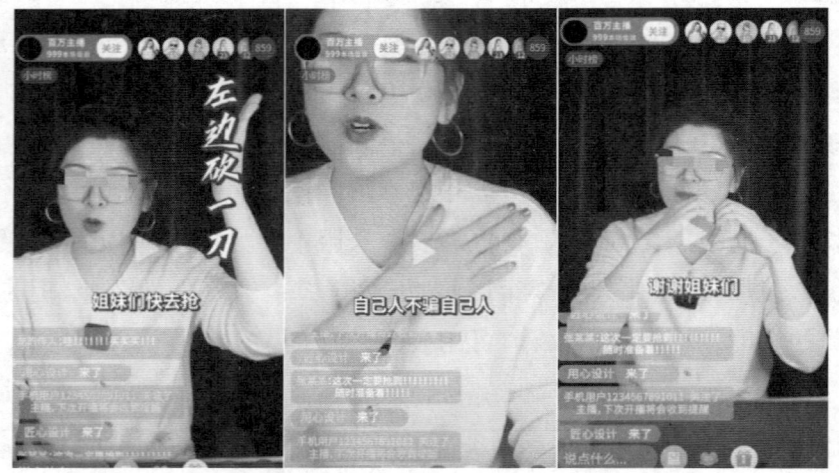

备注：对标主播、出镜姿态、宠粉动作、面部表情、造势动作。

图1—3 主播表情肢设计案例

表1—4　　　　　　　　　　表情肢体设计

姓　名	对标主播	出镜姿态	宠粉动作	面部表情
		造势动作1	造势动作2	造势动作3

 项目任务评价标准及评分表

表1-5为本项目任务评价标准及评分表。

表1-5　　　　　　　　　项目任务评价标准及评分表

项目任务	评分标准	分值	得分
妆容、发型设计	面部妆容完成底妆、定妆、修眉、眼线、眼影、腮红、睫毛、口红八大步骤	10	
	定妆后不会出现眼下卡纹	5	
	眼影晕染要自然,眼影颜色不能突兀	5	
	口红颜色的选择以红色调、橘红色为主,不要选择黑色、白色等太夸张的颜色	10	
	发型要求刘海不盖眉,鬓角不盖耳	5	
服饰饰品搭配设计	上装,严禁走光,着深色内透内衣,女主播禁止穿着深V或容易走光的服装	10	
	以浅色服饰为主,男主播服饰以带领子的衣服为佳	5	
	尽量避免全身纯色且无任何饰品的服装搭配	5	
	用服饰贴图或装饰品凸显相关节日氛围	10	
	耳饰、手链、项链符合场景调性	5	
表情、肢体动作设计	每个主播需要设计一个宠粉动作	5	
	每个主播需要设计3个制造氛围的动作	10	
	主播上播后微笑、着急、夸张的表情能自由转换	10	
	主播出镜,肢体控制占屏比不超2/3	5	

 知识准备

一、主播形象与品牌塑造

品牌是一个综合而复杂的概念,是包括商标、名称、包装、价格、历史、声誉、符号以及广告风格等多个因素的无形综合体,这种无形综合体构成了企业的非物质资产。而为塑造品牌与实施品牌策略,许多企业将采用商业形象代言人作为一种通用技法。广告代言人是指在广告中通过陈述或行为来支持广告或宣传的个体。铺天盖地的广告中通常少不了代言人的存在,而设立代言人的目的在于在广告受众中引起关注、激发兴趣、唤起欲望,并鼓励观众采取购买等积极行为。

直播间的带货主播,某种程度上与代言人相似,因为他们在产品代表和品牌形象塑

造方面承担着同样的使命。具体来说,主播在进行形象打造前需摒弃"以自我为中心"的思维,即形象的打造并非凭借个人喜好。形象打造是一项有策略性、目标导向的工作。成功的形象打造首先应考虑与产品或品牌的匹配性,这意味着主播需要深入了解所代表的产品或品牌的核心价值、定位、直播带货的场景以及商家的需求,对其进行剖析后再对形象打造风格进行策划,以确保个人形象与之相协调。这种以品牌为中心的思考方式有助于提升主播的营销嗅觉,从而在直播平台上取得更为持久的成功。

以图1—4中的两组直播间为例,左图的主播带货产品为日用服装,因此在形象上呈现出更加亲和与轻松的感觉。主播身着带货的服饰,妆容则选择了日常雅淡的风格,营造出贴近观众生活、更具亲和力的形象。这种打扮方式与品牌形象较为匹配。而右图的主播则带货面包,淡化妆容,身穿制作面包的专业服装,并佩戴手套,凸显出面包制作环境的干净卫生,增强顾客对面包产品的信任度。

图1—4 两种不同品牌形象的直播间对比

二、主播上镜妆容打造

抖音以其庞大的日活量、低门槛的带货机会以及不断扩大的用户年龄范围而备受关注。当前,抖音用户中年龄在30岁以下的比例高达93%,其中在一、二线城市的用户占比达到38%。这使得"年轻时尚"成为抖音用户群体的显著特征。业内专家普遍认为,留住年轻人意味着留住未来,因此,大型品牌愿意在年轻群体和时尚产品上进行投资。各类视频内容涵盖化妆品、家居用品、服饰等,而带货主播的形象往往成为最有效的广告载体,因此,主播需要进行合适的上镜妆容打造,为此,需要了解屏幕造型、熟悉妆容打造顺序、巧用美颜滤镜特效等。

（一）了解屏幕造型特点

主播在屏幕前的妆容设计与日常生活妆容有所区别。主播形象的基础妆容是在拍摄前完成的，并在拍摄过程中通过与其他才艺和技术手段的协同配合，整体呈现在屏幕上。由于这一特性，造型后的形象会受到拍摄现场诸多因素（如灯光、摄像设备、环境等）的直接影响，不仅仅依赖于孤立的造型来达到预期效果，具体来讲，需要注意以下几点：

（1）强调色彩和对比度。视频拍摄可能会导致颜色的丧失和对比度的减弱，因此，在主播妆容中需要强调更鲜艳、明亮的颜色，以确保在屏幕上更为突出。

（2）轮廓强化。为在屏幕上更清晰地呈现面部特征，主播的妆容通常会强化轮廓，使用阴影和高光来凸显五官。

（3）避免反光。在视频拍摄中，可能会遇到灯光反射等问题，因此主播的妆容通常需要考虑如何避免在屏幕上产生过多的反光。

（4）适应屏幕色温。视频拍摄的灯光色温和日常生活有所不同，主播的妆容可能需要调整以适应屏幕上的色彩表现。

（5）遮瑕更全面。由于视频拍摄的高清特性，主播需注重遮盖面部瑕疵，确保在屏幕上呈现出更为完美的肌肤质感。

需要特别指出的是，直播带货的男性，化妆同样十分必要。受社会观念、文化传统、个体习惯等因素的影响，许多男性对化妆持抵触态度。然而，男性在直播带货时需要化妆并非仅为了外表的修饰，更是一种专业的态度。首先，化妆有助于打造男主播整洁的形象，增加品牌认可度，让观众更容易信任和购买相关产品。其次，男主播在拍摄现场受到灯光、摄像设备等因素的影响，屏幕的性质也可能导致色彩和轮廓的丧失，而化妆可以帮助男主播适应拍摄环境和屏幕，确保在视频中呈现更为清晰和精致的形象。最后，合适的化妆可以更好地体现商品的品牌定位，迎合目标受众的审美需求。如图1-5所示，主播化妆前后有天壤之别。

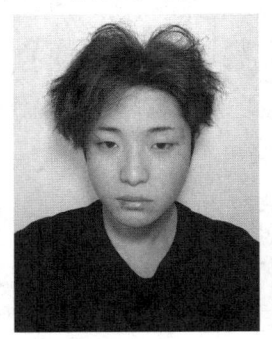 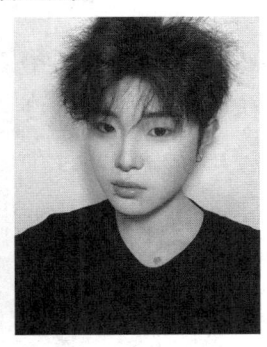

图1-5 主播化妆前后对比

(二)熟悉妆容打造顺序

1. 清洁护肤

(1)清洁

在进行化妆前,彻底的清洁是确保妆容持久、肌肤健康的关键。选择适合自身肤质且温和的洁面产品,将起泡的洗面奶均匀涂抹于脸上,用指腹轻轻按摩脸部,尤其T区、鼻翼两侧与下巴等易油部位,接着用清水将脸部洗净。如果眉毛杂乱,则使用刮眉工具与眉刷清理眉部,以确保眉毛干净整齐。

(2)补水

清洁洗脸后,皮肤易失去水分,因此洗脸后应尽早使用保湿产品,如爽肤水、保湿乳液或保湿喷雾等。此外,每周可定期敷一到两次保湿面膜,为肌肤补足水分。

2. 基础打底

(1)防晒隔离

在进行妆容步骤之前,建议涂抹防晒霜,防晒霜的主要作用是对紫外线的防护,除了防晒黑,更重要的是防晒伤。在防晒霜涂抹均匀后,使用妆前乳或隔离霜,可缓解彩妆对皮肤的刺激,同时提高妆容附着力。

(2)遮瑕

使用遮瑕产品,遮盖脸部的瑕疵,如痘痘、疤痕、色斑以及黑眼圈等。选择遮瑕产品时,一是要注意颜色的搭配,确保与肌肤颜色相近,可选择比粉底液深一个色号的颜色;二是了解遮瑕产品特性,如液体遮瑕产品适用于遮掩较大面积的瑕疵,而膏状遮瑕产品适合遮盖局部小面积的瑕疵,还有彩色遮瑕需要进行调色使用,但彩色遮瑕不推荐新手使用。

(3)底妆

上镜基础妆容的关键在于打造清透自然的底妆。要做到清透自然,需遵循以下几点原则:第一,选择与肌肤最接近的粉底,切忌追求粉底颜色过白。第二,根据肤质选择合适的粉底产品,油性皮肤可选择控油效果强的轻薄粉底,而混合型和干性皮肤则可选择具有补水保湿功能的粉底。第三,做到粉底与皮肤的贴合,控制粉底用量,遵循少量多次原则,使用化妆棉或粉底刷轻柔涂抹,避免使用手指以免产生厚重感。追求轻薄感,使妆容更为轻盈。第四,在T区可使用略微明亮的粉底提亮,而在眼部尤其下眼睑部位,应保持粉底的薄透,防止笑纹的产生,如图1-6所示。

(4)定妆

定妆是主播妆容里必不可少的环节,由于主播长时间面对众多补光灯照射,如果不做好定妆,则很容易导致面部出油甚至脱妆。做好定妆可保持妆容的清爽与自然,

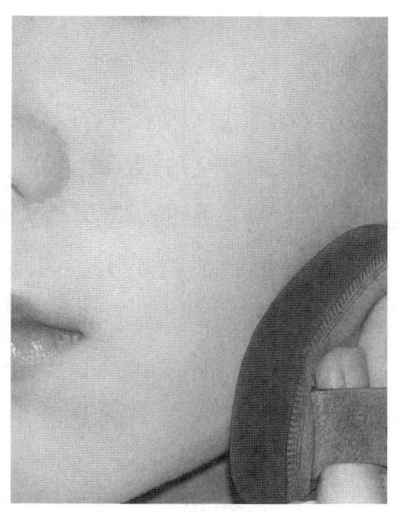

图1-6 清透自然的底妆

延长妆容的持久性,提升妆容的质感。在定妆时,使用粉扑以"点按"的方式将蜜粉轻轻扑在面部,避免在妆面上来回摩擦,以免对底妆造成破坏。注意避免在鼻部、唇部和眼部周围过于用力,这些部位是防止粉底脱妆的关键。最后,利用散粉刷轻柔地扫去多余的散粉,动作应轻缓小心,以确保不破坏整体妆容。

3. 面部彩妆

(1)眼妆

眼睛是面部焦点之一,精心设计的眼妆可以在视觉上放大双眼、改善整体妆容。眼部妆容的步骤如下:

①戴美瞳:美瞳可以使眼睛看起来更加明亮有神、调整眼部比例。选择美瞳切忌选用过于夸张的款式或过于大的直径,容易适得其反、喧宾夺主。建议选用自然、轻微放大双眼的款式和大小,美瞳直径大小建议选用14.2mm,放大双眼的同时更加自然。

②上眼影:眼影的选择避免颜色过于夸张,忌讳使用红色、紫色等饱和度过高的颜色。亚洲人的皮肤相对更合适大地色系,不出错且易百搭。首先,使用淡咖啡色眼影轻轻扫在眼窝区域,分层次打造出眼部立体感,注意眼影的晕染,避免产生明显的分界线。接着,使用米白色眼影来提亮眉骨和眼头。

③贴双眼皮贴:对于单眼皮、内双或眼部浮肿的人群,可在眼影之后贴上双眼皮贴,增强眼部深邃感。找到双眼皮的褶皱线或想要加宽双眼皮的位置,先将双眼皮贴上边缘中部压住褶皱线后,两边顺着眼睛弧线展开,在贴的过程中保持双眼皮贴与眼皮自然贴合,避免产生空隙。双眼皮贴尽量选用隐形效果和黏合度较好的品牌,避免

脱落和反光,导致眼部"露馅"。

④画睫毛:在追求上镜效果时,不需要追求睫毛的乌黑浓密,纤长且根根分明才是关键。夹睫毛时,从睫毛根部开始渐渐向外移动,反复夹卷数次,形成自然的弧线。接着,取适量睫毛膏,轻刷上睫毛,增加睫毛的卷翘度和浓密感。建议主播们可以学习使用假睫毛,不论是单簇型的还是整条形的,选用适合自己眼部的即可,切忌使用过于夸张和浓密的款式,越自然的效果越显得真实。

⑤画眼线:画眼线时务必将眼线笔尖紧贴于睫毛根部,可用一只手轻轻推动上眼睑,使上睫毛根充分显露,勾勒出一根细微而若隐若现的线条。在后眼角处适度向外延伸拉长眼线,以达到加深眼部线条的效果。注意避免使用太过浮夸的眼线颜色,同时保持眼线的走势,避免显得过于夸张。

⑥画卧蚕:卧蚕的位置在下眼睑眼角到眼尾的一段区域,先微眯双眼找到卧蚕的位置,用卧蚕笔在中间找到定位点画一条短线,再顺着眼头眼尾方向自然晕开,与眼睛的形状相适应;之后轻轻晕染卧蚕眼影的边缘,使颜色与肌肤自然过渡;最后记得使用提亮色眼影,在卧蚕凸起的位置提亮,一个完整的卧蚕就画好了,放大双眼的同时,更能显得幼态感,使眼神更加柔和。

⑦画眉:画眉时,关键在于让眉头尽可能保持原有形状,以达到自然的效果,着重突出眉毛的形态,让线条更流畅。画眉保持上浅下深,眉头浅,眉尾深的原则,通过眉色的深浅变化,增添眉毛的立体感,注意避免使用夸张的颜色以及画出过分夸张的眉形。眉笔颜色的选择要和头发颜色接近,新手不要使用黑色眉笔,不容易把握颜色的深浅程度,会使得眉毛不自然不协调。

具体过程如图1－7所示。

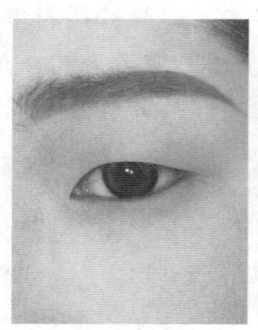   

图1－7　眼妆步骤

(2)修容与高光

在上镜妆容中,使用高光和阴影是必不可少的环节。由于打光、拍摄角度、摄影镜头等原因,人物的面部轮廓会受到影响,立体感削弱,显得面部更为平整,因此需要通过高光和阴影来弥补,让面部在摄像机前呈现出更为立体、生动和精致的效果。

高光的选择应偏向哑光质地,这样的高光能够创造出更为自然的光影效果。高光通常用于凸显面部的凸起或需要凸显的区域。常见的高光部位包括颧骨上方、眉骨、鼻梁中央、上唇弓形、下巴中央等。使用高光产品在选定的高光部位轻轻涂抹,并进行晕染。

阴影通常用于凸显面部的深陷或需要凹陷的区域。常见的阴影部位包括鼻梁两侧、颧骨下方、下颌线、额头的发际线、下颚等。就鼻影而言,使用修容产品在鼻根和眉毛的连接处用鼻影刷进行修饰,用刷子上的余粉自然顺着鼻子两侧下来,再蘸取少量修容,对鼻翼两侧进行修饰,注意颜色不要太深,否则看起来不自然,同样遵循少量多次原则。可以从眉头开始,向下延伸至鼻尖,保持线条的纵向,接着轻轻晕染鼻影的边缘,使其与周围的底妆自然融合。此外,颧骨下方的修容也是重点,沿着颧骨下方的面部自然轮廓进行晕染,从而达到视觉效果上"瘦脸"的效果。

(3)腮红和口红

腮红和口红能够为面部和嘴唇增添色彩,提升整体妆容的吸引力和活力。

选择适合肤色和妆容风格的腮红色号。一般来讲,杏红色系较为推荐。遵循少量多次的原则,用腮红刷在笑肌等位置上轻轻涂抹与晕染。特别要注意的是,腮红不可涂得太重,否则在屏幕上易呈现"满脸通红"的效果。

口红部分应做到自然大方且与个人妆容相协调,色号上需避免纯裸色、红橘南瓜色以及蓝调的正红色,需要结合眼影的颜色进行搭配。此外,在口红的质地上不建议选择蜜彩的质地,比较容易脱妆。口红的重点应该在于显气色,而唇形则应保持自然,避免选择太夸张的款式。这样的选择可以使整体妆容看起来更为协调,符合自然大方的妆容风格。唇妆效果如图1-8所示。

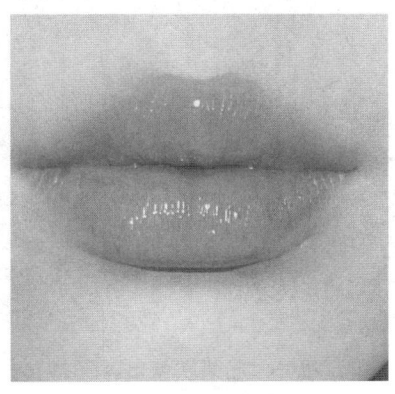

图1-8 唇妆效果展示

(三)巧用美颜滤镜特效

在直播平台和内容创作领域,美颜滤镜特效已成为常见的、简便而有效的工具。学会正确使用美颜滤镜特效也是一名专业主播必不可少的技能。

以"直播伴侣"为例(见图1—9),建议参数如下:

女主播:

白皙:50—60

磨皮:60—70

美白:50—70

瘦脸:根据个人情况调整

大眼:20

法令纹、黑眼圈:拉满

男主播:

滤镜:30—35

白皙:25—30

图1—9 直播伴侣页面

在巧妙地应用美颜滤镜特效的同时,主播也要注意保持真实和自然,避免过度修饰导致与实际形象不符。通过使用这些特效,主播能够打造更具吸引力和专业感的形象,增加观众的好感度,从而提高直播带货的效果。

三、主播上镜服饰选择

服饰与妆容共同构成了主播的外在形象。主播的着装在一定程度上影响直播带货的效果和观众的反馈。通过注意着装,主播能够为直播带货打造更具吸引力和专业度的形象,从而提升产品的销售效果。一方面,我们需要熟悉着装的基本原则;另一方面,了解一些着装的禁忌也同样至关重要。

(一)着装的基本原则

着装的基本原则主要有:整洁原则、TPO 原则、主播间适配原则。

1. 整洁原则

首先,平整是着装整洁的关键。衣物应保持平整,避免折皱和不整洁的外观。

其次,清洁是维持着装整洁的重要步骤。定期清洗和保养衣物,勤换勤洗,对于易脏的颜色或材质,注重定期的清洗和保养。

最后,确保衣物完好无损。避免穿着有明显磨损或破损的衣物。

2. TPO 原则

直播服饰的选择应遵循 TPO 原则,即时间(Time)、地点(Place)、场合(Object)的搭配原则。

时间原则:指主播的着装应考虑时代的发展、四季的变化和一天各时段的差异。

地点原则:指主播的服饰要与所处的位置、场所、环境相适应。

场合原则:在不同的场合下,主播的穿着要求也是不一样的。

3. 直播间适配原则

着装也需要考虑直播间适配原则。在直播带货过程中,"人、货、场"的概念说明主播的形象、推荐的商品以及呈现的场景是相互关联、相互影响的。因此,一方面,主播着装要与推荐的产品或品牌风格一致。这种一致性有助于建立品牌形象的连贯性,增加观众对产品的信任感。以图 1—10 中欧莱雅直播间为例,主播均穿着统一的白色衬衫,发型整洁清爽,头发都拨至耳后。其原因是这样的穿着能够展现知性、专业和优雅的形象,这也符合欧莱雅的品牌调性。对于个体售卖的非品牌类产品,也应选择与产品风格、直播间调性相统一的形象呈现。以账号"布朗夫妇手工女鞋之流年"的直播间为例(见图 1—11),主播带货的产品是手工皮鞋,在服饰的色调上与皮鞋的深棕色相一致,手工围裙、帽子的佩戴彰显了主播"手艺制作人"的形象,与直播间的产品以及场景形成和谐统一的氛围。

图 1—10　欧莱雅直播间

图 1—11　布朗夫妇手工女鞋之流年的直播间

另一方面,根据直播间的场景风格选择合适的着装。直播间的场景设计往往有一定的风格和氛围,主播的着装应该与之协调一致。比如,如果直播场景强调轻松愉悦,主播的着装则可以选择更休闲、舒适的款式;如果场景注重专业性,主播则可以选择更正式、职业感强的服饰。

(二)着装的避坑技巧

直播带货的主播着装,应避免着装暴露,奇装异服,过于随性。

1. 避免着装暴露

在直播带货的场合中,带货主播着装应避免过于暴露。不同的直播平台有相应规定,要求主播在直播过程中保持一定的着装规范,违反该规定可能导致直播被限流,甚至被封禁账号。此外,直播带货的观众群体涉及各个年龄段和文化层面,有些人可能会对过于暴露的着装感到不适。为了迎合更广泛的受众,主播的着装应当考虑到观众的舒适度和接受度,避免引起不必要的争议或抵触情绪。

2. 避免奇装异服

带货直播的重点是产品本身,而不是主播的个人形象。奇异的着装可能会使观众关注主播本人,而非所推荐的产品。为确保产品能够成为焦点,主播的着装应当相对低调,符合商业氛围,以更好地服务于销售产品。一些公司在合作时也更倾向于稳重的主播,选择奇装异服则可能影响品牌的整体形象。

3. 避免过于随性

主播在直播间的着装显得过于随性通常缺乏正式感和专业度。一方面,适当的着装有助于凸显主播的专业形象,增强观众对其产品认知的信任感。专业形象不仅提高了主播在观众心中的可信度,还使其更具说服力。另一方面,着装需要与待推广的产品相匹配,以创造一种和谐的整体效果。过于随性的着装可能与产品形象不搭配,导致观众对产品的印象不佳,降低购买欲望。

四、主播礼仪姿态规范

礼仪规范对主播在社交媒体上的影响至关重要。良好的礼仪有助于塑造主播积极的社交形象,增强观众对主播的认可度和信任感。

(一)增强微笑感染力

1. 微笑的作用

主播若能展现出内心真挚的微笑,将极大增强直播的感染力,打动用户。微笑为直播注入一份真诚的情感也更具说服力。

微笑不仅使人显得更加自信,更是对听众的一种肯定。通过微笑,主播传递出对观众的尊重和友好,这有助于建立起一种积极的沟通氛围,如图1—12所示。

图1—12　微笑增强直播感染力

2. 增强微笑感染力的技巧

为了达到轻松、自然且富有感染力的微笑效果,可通过以下步骤进行练习:

首先,放松面部肌肉,使嘴角微微向上翘起,让嘴唇呈现略微的弧形。在不牵动鼻子、不发出声音、不露出牙齿的前提下,轻轻微笑。闭上眼睛,发挥想象力,回忆美好的过去抑或展望美好的未来,使微笑从内心涌现,真切而有感情。

其次,练习可坚持对着镜子进行,确保眼睛、面部肌肉、口形等都展现出和谐、自然的微笑。此外,可以借助道具,例如,用上下四颗门牙轻轻咬住筷子,检查嘴角是否已经高于筷子。

最后,面对公众时,克服羞怯和胆怯心理是关键。请确保避免出现皮笑肉不笑的状态,确保情感由内而外自然流露。

通过以上步骤的练习,可以使微笑更加真实、自然,展现出积极向上的形象,增强感染力和亲和力。

（二）端正坐姿站姿

1. 端正站姿坐姿的作用

当提到海底捞等享誉业界的品牌服务质量时，我们通常会想到服务人员们端正的姿态与严阵以待的气势。这类专业人员不仅在工作中展现出高水准的服务技能，而且通过保持端庄的仪态，成功树立了一种令人信赖和愉悦的形象。他们的服务不仅限于产品本身，更包含了通过专业、得体的姿态与态度传递给顾客愉快、信赖的消费体验。这种端正的姿态不仅仅是表面的仪容，更是对工作的认真和责任心的体现。

直播卖货与服务业相似。主播的姿态直接影响观众对其的第一印象。在直播间中，端庄、得体的姿态往往能够给观众留下积极、专业的印象，有助于建立积极的互动氛围，从而促进用户与主播间的互动交流。且端庄、得体的坐姿和站姿传递了一种自信和可信的形象，观众更倾向于相信这样的主播。而信任是建立长期关系和促使用户参与互动的关键因素，因此通过维持良好的姿态，主播能够增强观众对其的信赖感。此外，端正的姿态有助于维持良好的视觉效果。在屏幕上，良好的姿态能够使主播显得更为清晰、聚焦，有助于用户更好地关注主播的言行。

2. 错误的坐姿站姿 VS. 正确的坐姿站姿

在直播间中，驼背弯腰、趴桌头、交叉双腿、摇晃或站不稳、站得太靠后或太靠前等都是错误的坐姿站姿，影响主播形象与直播观感。

正确的做法是挺直脊背，避免驼背，并与桌面保持适当的距离、避免过于靠近或远离，确保站立稳定。错误的站姿对比正确的站姿分别和错误的坐姿对比正确的坐姿如图1—13、图1—14所示。

（三）规范产品展示动作

1. 规范产品展示动作的作用

做广告时，通常会对产品进行全方位的展示。这种全方位展示旨在最大限度地吸引目标受众的注意力，介绍产品的特点和优势，以达到有效推广的目的。

广告的作用是推销产品或品牌，直播带货也是如此。在直播中，规范的展示动作能够清晰地传递产品信息。通过准确的手势和动作，主播能够突出产品的特点、功能和优势，提高观众对产品的全方位了解，从而提升整体观看体验。这种详尽的产品展示不仅增强了观众对产品的了解，也提高了观众对产品的兴趣。此外，通过规范的产品展示动作，主播可以引导观众更积极地参与互动。清晰的展示让观众更容易提问、评论，促进互动，提高直播的参与度。

2. 错误的产品展示动作 VS. 规范的产品展示动作

产品在直播屏幕上未完全露出、没有明确条理和顺序的展示、展示产品时动作过

电商直播教程

图1—13　错误的站姿对比正确的站姿

图1—14　错误的坐姿对比正确的坐姿

于杂乱、不能与观众互动或回应观众问题等都是不恰当的产品展示。如图1—15（左）中良品铺子的产品仅露出一半，遮挡了用户的视线，这是应改正的。

主播在展示产品时应做到以下几点，如图1—15（右）：

（1）清晰明了。主播应使观众能够明确看到产品的各个方面，特别是重要的特点和功能。同时注重观众可能关心的细节。

（2）有条理。展示动作应有条理，按照一定的顺序和逻辑，以确保信息的传递有组织且易于理解。

（3）流畅而生动。展示动作要流畅、有节奏感，使整个产品展示过程更加生动、有趣。

（4）增强互动。主播可以通过回答问题、解释细节等与观众互动。

图1—15　产品展示动作

项目二　直播话术撰写

 项目任务操练：撰写并录制零食类带货直播间话术脚本

经过一系列的妆容、穿搭学习后,我们即将迈入"良品铺子"直播间上岗直播。但是在上岗前,还有最后一步重要的直播话术的内容撰写。那么直播话术分哪些类型,不同的话术要解决什么样的问题,什么样的话术更能打动消费者的购买心理,都是我们上岗直播前要完成的工作。

 项目任务书

项目二任务书的内容见表 2—1。

表 2—1　　　　　　　　　　项目二任务书

理论学时	2 课时	实操学时	4 课时
知识目标	(1)优质开场话术的标准与目的 (2)优质转款话术的标准与目的 (3)优质商品话术的标准与目的 (4)优质开价话术的标准与目的		
技能目标	(1)掌握产品卖点的快速凝练能力 (2)熟悉食品类直播间的直播节奏		
素养目标	(1)增加对新公司的产品和品牌文化的了解和认同感,更有利于在直播间为客户推广产品和品牌 (2)养成优秀话术的学习习惯和学习方法		
项目任务书描述	(1)完成对标学习直播间的话术抓取及拆解 (2)完成即将上岗的直播间的话术撰写 (3)完成上播前的话术练习任务		

续表

理论学时	2 课时	实操学时	4 课时
学习方法	(1)动手实践 (2)对标账号学习		
所涉及的专业知识	(1)直播间话术类型 (2)直播间开场、产品、转场、开价类型及优质话术标准 (3)直播间话术脚本的撰写流程		
本任务与其他任务的关系	本任务为主播正式开播前的核心工作,只有有了优秀的话术撰写功底,才能保证上播过程中结合用户需求使产品价值最大化		
学习材料与工具	对标直播间 1 间		
学习组织方式	全部流程以个人为单位组织,完成整个作业的所有内容		

 项目指导书

完成本项目全部任务的基本路径见图 2—1。

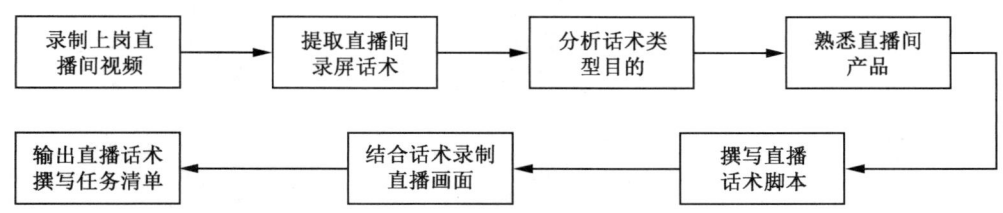

图 2—1 完成任务的基本路径

第一步:录制上岗直播间视频。

在抖音平台搜索"良品铺子官方旗舰店"直播间。进入学习之后,准备开始我们的录屏工作。这个时候就需要思考两个问题:从什么时候开始录制? 录制多久?

解决以上两个问题,首先我们就要了解整个直播间的话术节奏。虽然良品铺子直播间的直播时长是每天 16 个小时,但是我们在录制视频的过程中并非要录制 16 个小时。原因是这 16 个小时的过程中,直播话术是在不断重复的。我们需要做到的是找准这场直播每一段的直播开始和直播结束时间。

录屏工具手机端直接选择手机录制,电脑端可以使用 EV 录屏。EV 录屏官方下载链接:https://www.ieway.cn,如图 2—2 所示。

图 2—2　良品铺子直播间

第二步：提取直播间录屏话术。

表 2—2　　　　　　　　　　　对标直播间话术拆解

对标直播间	话术类型	话术文案	话术重点	解决需求

注：对标直播间位置为直播间画面截图，其他位置为文案描述。

（1）开场话术解析。大家都知道直播间开播是有一波极速流的，我们应该通过什么样的话术去承接，保证刚刚进来的粉丝在听到主播的话术之后能够产生兴趣从而停留在我们的直播间。

（2）转款话术解析。我们的直播间不可能只卖一个产品，大多数的直播间是多品交叉销售，很多的排品是用低价引流再转化到我们的主推产品上。那么，如何让消费者在从 A 产品进来后还愿意听我们讲 B 产品，转款话术就很重要。

（3）开价话术。开价之后消费者就可以购买了。所以在开价话术这个环节，如何制造紧张的销售氛围以及利用高福利，让消费者一听就买才是开价话术的成功标志。

(4)文案提取过程:使用剪映、音频、音频提取功能,把直播录屏中的音频提取出来。最后,使用剪映、音频转文字功能,提取出文字文案、进行逐句拆分,如图 2—3 所示。

图 2—3　直播录屏中的剪映页面

第三步:直播间话术脚本撰写。

直播过程中,我们的目的是把产品卖出去。那么把产品卖出去,我们就有几个环节。首先,让用户留下来;接着,让用户感兴趣;最后,让观众选择购买。那么不管是让观众感兴趣,还是观众愿意购买,都是我们在话术中有一个环节打动了观众。这可能是产品的卖点、这可能是产品的福利,也可能是产品的使用场景。所以在我们正式开始撰写话术之前,我们需要去了解公司的品牌、产品和福利政策。直播间话术可按表 2—3 撰写。

表 2—3　　　　　　　　　　　直播间话术撰写

阶段	产品	时长	话术	注意事项

注:阶段主要标明是开场、转场还是开价,产品就是现阶段的讲解产品,时长就是预计讲解时长,话术就是讲解逐字稿。注意事项为这个环节我们想达到的目标或情绪表情的输出等。

通过商品列表,我们可以看到直播间的产品链接。点进去之后,通过商品详情,我们可以看到产品的卖点和使用场景。在详情的优惠明细和直播间的贴图等位置,我们又可以看到我们直播间的福利详情,如图2—4所示。

图2—4　商品列表、优惠内容有条件

在我们了解了产品卖点、场景、福利之后,再结合我们直播过程中每个阶段的话术目标(停留、升单、成交)就可以按照模板撰写我们的直播话术。

第四步:录制直播画面。

(1)首先,把手机放置在与自己身高相适合的高度,一般放置在胸口高度;接着,在手机后方打一个补光灯,把画面亮度调整到一个合适的位置,后方背景尽量干净、整洁,主播站播出镜;最后,商品一定要完全展示在镜头中,在开始录之前把要讲解的商品提前放在自己伸手就可以拿到的地方。

(2)女生淡妆出镜,衣着整洁,发型干净利落、不要遮挡面部;男生可不化妆,但一定要干净整洁,服装整齐,发型干净利落。

(3)话术在录视频之前一定要熟记,记不住可以把电脑摆在后方做提词器,但是注意眼睛一定要看镜头,不要胡乱看,注意人物和产品的镜头画面比例要看着舒服,具体可参照图2—5。

注：可选择站播，远距离展示产品全部，也可以近距离展示产品细节。重点是整个画面构图完成，符合话术内容。

图 2-5　部分直播间录屏

项目任务评价标准及评分表

表 2-4 为本项目任务评价标准及评分表。

表 2-4　　　　　　　　　　　项目任务评价标准及评分表

项目任务	评分标准	分值	得分
直播间话术拆解	开场话术拆解中目的要能够体现出来	5	
	开场话术拆解中，用到福利品开场	5	
	产品话术拆解中讲解细致，能够讲到观众痛点，讲出产品卖点，塑造出产品的价值	10	
	转场话术拆解中有多种转款技巧	10	
	开价方式在两次开价时随机用到两次	5	
直播间话术撰写	产品话术包括卖点、福利和场景	10	
	开场话术中有明确的停留目的	5	
	开价话术中有紧张氛围制造和福利放大	10	
	注意事项中有主播表情和中控配合讲解	5	
	转场话术上下产品有关联点	5	

续表

项目任务	评分标准	分值	得分
直播间视频录制	清晰明亮,无杂物,无遮挡	5	
	吐字清晰,声音清楚,无杂音	5	
	话术的熟练度是否有卡壳	10	
	突出情绪关键点,把话术的重点体现出来	10	

知识准备

项目一中我们深入探讨了新手主播如何对个人形象进行管理,但直播中,除了不可忽视的形象外,优质的话术更是连接主播与观众心灵的桥梁。本项目将着重探讨如何通过巧妙的用语、精准的表达,以及丰富多样的话术技巧,进一步提升主播在直播间的吸引力和互动效果。

一、优质开场话术解析

(一)开场话术的概念与作用

开场便直接卖货的直播往往显得平淡无奇,目的性太强没有亮点,很容易造成观众流失。因此开场话术在带货直播中扮演着至关重要的角色,其涵盖了主播在直播开始时运用的一系列巧妙言辞,旨在引导观众进入直播主题,并吸引他们的注意力。开场的设计不仅是一种形式,而且是一种策略性的沟通艺术。

第一,开场话术通过亲切的问候和自我介绍,以拉近彼此间的距离,这种人性化的交流有助于观众感受到主播的真诚和亲和力。一方面,对主播本人以及其 IP 产生好感甚至是成为粉丝;另一方面,愿意观看直播。

第二,开场话术通过简短而生动的方式对直播内容进行预告,使观众在最初的几分钟内对直播内容有所了解,激发他们对接下来的直播的好奇心和期待感。

综上所述,开场话术在带货直播中不仅起到传递信息的作用,更是一个良好的沟通开端。

(二)优质开场话术的策略

在设计开场时,最终目标是提高自然推荐流量,从而完成推销任务。自然推荐流量指的是平台推送给用户的流量,是直播的可见度与参与度的重要来源。因此,主播的开场话术应着重于激发观众兴趣、吸引他们留在直播间,并通过平台的推荐算法获得更多曝光。有效地拉动直播间最重要的四项数据,分别是停留时长、互动率、转粉率、转团率。具体来讲,主播的开场话术可以使用以下两个策略。

1. 直抛福利+简塑价值+穿插互动

第一种策略是强调福利、简明塑造产品价值、过程中穿插互动的策略。该方法旨在提高直播间的自然流量,通过促进交易密度构建一个直播闭环。在这个过程中,观众进入直播间是因为直播间提供了有吸引力的福利,而观众可以在直播间内获得实质性的利益。

首先,主播需要公开向观众提供福利,如图2—6所示,引导观众在公屏表达对福利的需求;接着,利用福利留住观众,使观众在直播间等待福利的揭晓,形成一种期待感;最后,在直抛福利的过程中,主播需要巧妙地穿插介绍直播间的卖品,引导观众关注卖品,达到直播间的流量引导和转化的效果。

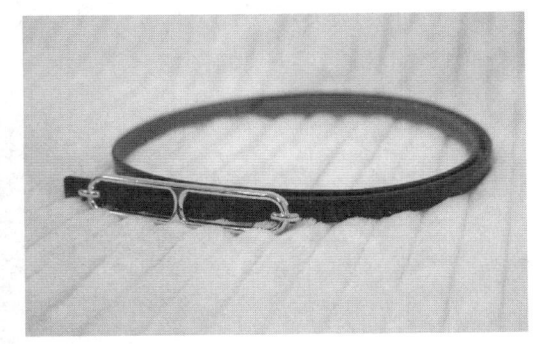

图2—6 福利品

示例

宝宝们,我想做一波调查,今天晚上要不要接着上草草?你们也知道,心心念念很久了,而且从那个视频还有评论下面,都是要求这一件重新上架的。粉丝给它起的外号叫做一万三的草草。现在年底来了,这个衣服本来是真的没有办法再返场了,为什么今天晚上能拿出来?就是因为我加了40块的工钱。加钱让工人去全部补发出来,因为是纯手工定制的,所以说真的非常高成本。今天晚上这20件给到你们免费做试穿,做体验。所有新粉第一次来我家的扣个0,谢谢你们。来咯宝宝们,雅姐刚刚开播,直播间现在100个宝宝先听我讲,既然来了,所有扣了0的就是我家新粉哦,今天晚上别着急拍,左上角福袋先领取礼物再走哇。

主播需要注意控制开放福利的时机。如一直不开放福利且中间也未发生转化,观众可能失去耐心,退出直播间导致目标观众流失。然而,若过早地开启福利,此时直播间的自然推荐流量可能尚未达到较高的水平,不利于后期促成密集成交。此外,这个策略也伴随一些其他风险。在转品承接上,须具备合适的话术和逻辑思维。在憋单时，要注意控制憋单的时间，憋单时间过长不仅可能导致自然流量下降，甚至会受到抖音的弹窗警告。抖音电商新增的《"违规玩法：憋单"实施细则》，明确提出，自2023年8月31日起，禁止商家在直播带货过程中进行商品"憋单"，严重违规者可能会被直接扣除12分信用分。

2. 福利内容＋福利原因＋定点互动

第二种策略的核心是在呈现福利内容时说明真实可信的福利原因，同时加上定点互动，延长用户停留时长。

主播先向用户展示福利品，与此同时介绍做福利的原因，让原因真实、可信，再继续运用福利调动人气、互动和延长用户停留时长。在介绍福利的过程中，主播快速切换到另一波引流品，开启一波单品讲解，形成成交密度，吸引更多自然流量进入直播间。如果前一波承接得当，则可以直接转入下一波卖品，继续提高成交密度，推动总成交额（GMV）的增长，如图2-7所示。

图2-7 主播与用户互动

示例

今天是我们实体转线上的第一天，把我的诚意拿出来，直接把福利给到你们！朋友们可以左上角免费的关注点一点，给主播一些支持和勇气，主播福利一定不让咱家人们失望！今天给大家送的福利已经在我手上了，这款包包采用了高质地人造革，手感柔软、舒适,质感上佳。设计方面更是独具匠心,简约大方。内部结构设计也非常贴心,有足够的空间放置日常用品,而且多功能隔层设计。今晚在直播间一共送99件福利哈!诚意够了吧!我们每隔半个小时抽33件哈,大家别走开,记得留意我们的弹幕互动和抽奖环节,机会多多!那接下来我们看看这双靴子……

该方法的成功之处在于通过增强可信度,定点拉人,互惠互利。根据心理学的互惠心理理论,主播营造出一种亏欠观众的感觉与氛围,让观众认为在直播间有利可得,形成互利互惠的心理效应。

同样的,这个策略也伴随一些风险,主要集中在转品承接和憋单上。为规避这些风险,可以采用同类型两种商品,即一个作为福利,一个作为爆品,以平稳过渡承接。另外则是对憋单违规弹窗的规避,注意憋单的时长是关键。

(三)优质开场话术的案例拆解

示例

我的品牌268家门面店,从来没有打过这样的折扣,我想问你们是什么风把你们刮过来的?天呐,平时我不搞活动你们不来,今天晚上120号人听一下哈。哇,有这么多新粉是吗?那这样子后台你先给我发个福袋。我问一下你们,想要送包包呢还是想要送我身上外套来?所有宝宝刚刚来我家,我说了不能让你空手而归,不能白来,要送包包的扣包包,要送这个一万三的外套的扣外套就可以了。后台登记啊,我不晓得你们喜欢包呢,还是喜欢外套,喜欢哪个多一点,你们一定要大胆告诉我,礼物我来安排。关注点不点是你的事儿,但是礼物送不送就是我的态度是不是?说真的,我来这里开播,我说再多都是没有用的,一定是要拿出实际的行动来感恩大家,不然的话我走,怎么抢客户啊?

拆解

首先,主播介绍了品牌店共有268家门店,从未进行过如此大幅度的折扣。这一信息的传达旨在告知观众,今天所推出的产品福利非常巨大,且这些产品实际上在实体店里也有销售。通过强调门店数量,主播增强了观众对品牌和产品质量的信任感,并在此基础上进行产品价值的进一步塑造。

其次,主播从引流品转向0元福利,进行互动,询问观众想要什么福利。通过给予观众选择的权利,主播引导观众在包包和外套之间进行选择。该举措有几点好处:第一,这种策略增加了互动的趣味性。自主性理论认为个体对于自己的行为和选择具有内在的驱动力,他们更喜欢能够自主做出决策的情境。相较于给特定的福利,让用户二选一实际上在一定程度上增强了观众的自主性。同时选择的思考过程也有效延长了用户的停留时间。第二,福袋里的包包其实是主播要卖的第二件物品,也就是第二个引流品。这种承接方式显得自然且有记忆点。第三，主播也能通过观众的选择实现观众调研，了解观众的喜好，有针对性地满足观众需求。

最后，通过福利引起用观众兴趣，拉动他们的停留时间和互动，同时利用爆品实现密集成交，提高自然推荐流量。一旦观众人数达到一定峰值，即可开始销售产品。开场话术的目标是完成四个关键指标：涨粉率、停留时长、互动率和加团率。

具体开场话术结构如图2—8所示。

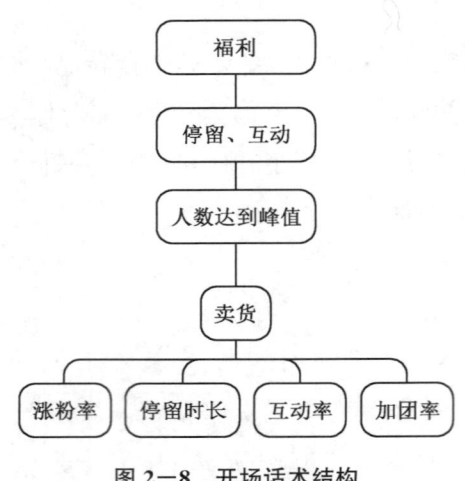

图2—8 开场话术结构

开场的第8分钟是关键。一般来说，抖音自然流量的高峰期在7分钟左右。因此，在8分钟时发布产品或进行密集成交，可能会获得更多的成交和更好地承接自然流量。无论采用什么排列组合，是先发布福利再介绍产品，还是先塑造产品价值再提供福利，首要条件是确保有引流品。在开场的8分钟内，主播需以潜移默化的方式介绍自己，吸引观众留在直播间，直播间的停留时间是实现其他数据指标的先决条件。

二、优质转款话术解析

（一）转款话术的概念与作用

1. 转款话术的概念

转款话术是指从一种商品转换到另一种商品。一场直播带货中，所销售的产品往往不止一个。针对不同产品之间的转化，需要有相应的话术技巧，使过渡显得自然而不生硬。

2. 直播间常见的三类产品

（1）福利款

福利款主要体现在产品的价值大于价格，适用人群广泛。这类产品可能存在补贴或亏本的情况,不一定能直接带来利润或GMV,但在引流流量、提高停留时长等方面发挥着重要作用。具体而言,福利款(如图2—9所示)的属性包括:

①价值大于价格。这类产品通常在价格上给予相对较大的优惠,使观众感受到物超所值的购物体验,因此可能存在补贴或亏本的情况。

②适用人群广。福利款的价格设置使得更多的观众能够参与,扩大了产品的受众范围。

③用于引流和提高停留时长。福利款的主要目的是引流,吸引更多观众进入直播间,并通过优惠价格或主播话术(个人魅力)拉长其在直播间的停留时间。

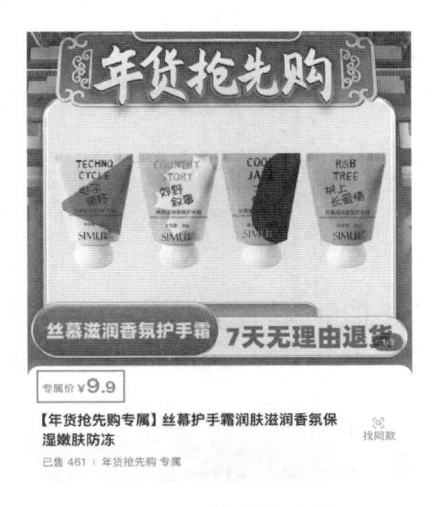

图2—9 福利款产品

(2)销量款

销量款主要体现在产品在历史销售数据中表现优异,每次上架都能够取得爆款的成绩,证明其深受用户喜爱,因此有望在下次销售时再次取得高销量。这类产品通常价格和利润相对较高,每单可能赚取5%或者10%的利润,从而在一定程度上追求盈利。如图2—10所示,就是一款销量款商品。销量款的主要特点包括:

①历史销售表现优异。产品过去的销售记录显示其在市场上非常受欢迎,具备较高的市场竞争力,基本每次上架都能够取得较高的销售成绩。

②薄利多销。销量款是薄利多销,不会有高利润,也不会亏钱,属于低利润。

(3)利润款

利润款主要体现在直播带货中,产品的售价相对较高,因而每单能够赚取较多利润的商品类型。与福利款和销量款相比,利润款的主要目标是追求高额的销售利润,而非吸引观众通过低价购买来提高销售量。如图2—11所示,就是一款利润环商品。

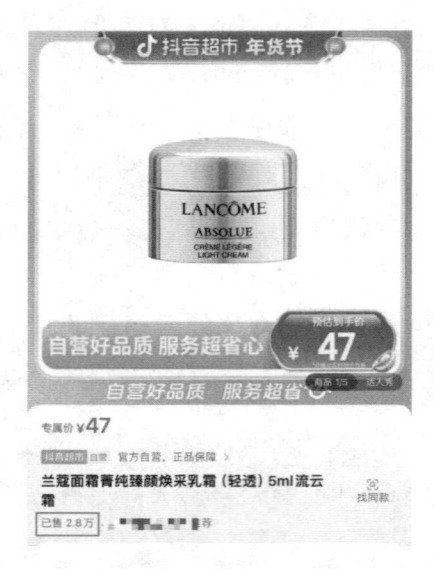

图 2—10　销售款产品

利润款的特点包括：

①较高的销售利润。主播能够在每笔交易中获得更大的利润空间，有助于提高直播带货的整体盈利水平。

②注重产品品质和独特性。利润款通常注重产品的品质和独特性，以使其在市场上更有竞争力，从而能够支持较高的售价。

③历史销售表现不一定是最佳。与销量款不同，利润款并不要求产品在历史销售中一定是最畅销的。重点在于产品本身的利润水平。

图 2—11　利润款产品

在整个直播带货策略中,福利款用于吸引流量和拉新观众,销量款用于提高销售量和冲击 GMV,而利润款则通过高售价产品追求更丰厚的盈利,三者共同构建了一个完整的直播带货生态,缺一不可。一般来讲,一场直播的转款顺序是先福利款,再销量款,再利润款,这个逻辑顺序符合新手主播的适应节奏与控场能力,如图 2-12 所示。

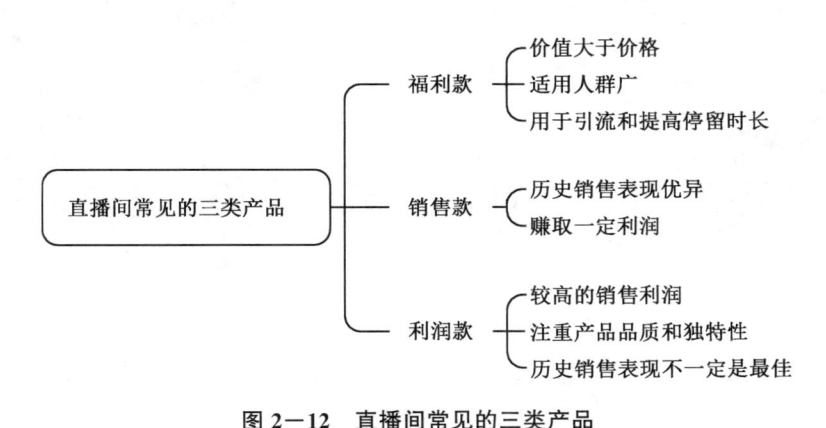

```
                    ┌─ 福利款 ─┬─ 价值大于价格
                    │         ├─ 适用人群广
                    │         └─ 用于引流和提高停留时长
直播间常见的三类产品 ─┼─ 销售款 ─┬─ 历史销售表现优异
                    │         └─ 赚取一定利润
                    └─ 利润款 ─┬─ 较高的销售利润
                              ├─ 注重产品品质和独特性
                              └─ 历史销售表现不一定是最佳
```

图 2-12 直播间常见的三类产品

(二)优质转款话术的策略

1. 搭配转款

搭配转款通过巧妙搭配商品来促使购物者进行购买,从而提高销售额。这一策略涵盖了商品搭配、优惠套餐、精心设计搭配、搭配推荐等多个方面,通过将多个商品形成套餐销售或组合销售,并提供相应的优惠。这一策略要求销售者具备商品搭配和潮流趋势的敏感度,以更好地满足消费者的需求,引导购物者偏向多样商品的购买。例如,主播选择将毛衣作为福利款的一部分,同时将其中的内搭作为销量款,它们之间存在一定的搭配逻辑关系;如果福利款是一款牙刷,那么可以将销量款定为相配套的牙膏,或者搭配一款儿童牙刷和成人牙刷,形成搭配逻辑进行销售。另一种情况是,将销量款定为毛衣,而将内搭作为利润款,实现销售的承接。这样的搭配转款策略旨在通过巧妙搭配商品,提高销售的多样性和吸引力。如图 2-13 所示,袜子与鞋子可作为搭配转款。

2. 互动转款

互动转款是指在直播带货过程中,主播通过与观众的互动,引导观众产生兴趣并转化为购买行为的一种销售策略。通过实时互动、回答问题、征集意见等方式,主动与观众建立联系。参与度理论认为,当个体对某个主题或产品加以更多参与和投入时,他们更有可能产生积极的情感和态度。通过互动,观众可能会增加对产品的兴趣,促使其更加关注和了解产品,从而提高购买欲望。这种策略强调通过与观众的积

图 2—13　袜子与鞋子的搭配转款

极互动,将其参与度和投入度提升,从而推动销售过程的顺利进行,增加成交量和销售额。

如当有观众评论:我想看一下你家的 4 号链接。主播可以回应:好的,你想看 4 号链接是吧？那么接下来我就给大家展示一下 4 号链接的商品。

观众可以边看直播边通过弹幕与主播互动,如图 2—14 所示。

图 2—14　观众互动提出想看的产品进行转款

3. 制造福利转款

在福利活动结束后,有些用户可能没有成功抢到福利品,感到失落。为了安抚这部分观众,主播可将某个产品作为安慰品,可能是一个销量款或者价格较低的产品。这一策略通过巧妙的命名和产品引导,既为观众提供了一种慰藉,又创造了购物的机会,从而巧妙地引导了销售。

4. 转化利润款

转化利润款的过程可能相对较难,需要一些技巧。首先,主播可以将利润品与福利品混合使用,使其看起来更具吸引力,让用户感受到购买的价值。其次,主播可以在讲解福利品的同时,巧妙地塑造利润品的价值,逐渐为观众展示其独特之处。如通过详细介绍利润品的设计、材质或特色,让用户逐渐认可其高品质和独特之处。最后,转化利润款的逻辑是把利润款说成是直播间的福利品,然后塑造利润款的价值,同时预告下一个产品拉停留,让用户留在直播间进行转化。

5. 转款承接的技巧玩法

(1)福袋

第一种技巧做法是福袋,通过单独开福袋来转化福利款,留住观众并引导粉丝参与其中。在此过程中,关键是在福利款转变为其他款之前,提前设置福袋,并确保在福利款还未开单之前上传。最佳的时间点是在福袋上完之后,且距离开奖还有4~5分钟。福袋的参考界面如图2-15所示。

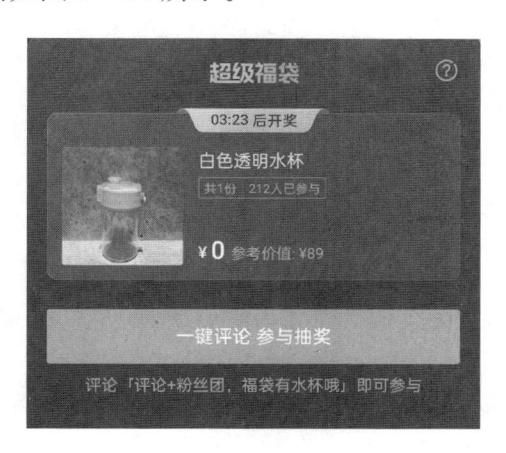

图2-15 福袋

这个策略的目的是通过福袋的留人效应,使用户在福利款转变为其他款式之前就留在直播间,并在最佳的时间点参与福袋的开奖。为了优化此过程,建议进行测试,例如使用iPhone作为福袋,确保在5分钟以内的倒计时内上传,以避免前7分钟的浪费。在此期间,主要利用评论话术引导观众评论,介绍福袋中的物品价格,以增加观众的互动和参与度。

(2)直播展示

第二个做法是在直播中展示即将开放的后续福利品,将其专门放在显眼的位置。这时,主播需告知观众不要离开,因为即将推出另一个福利品。若提前离开则可能会错过。为了吸引更多互动,主播可以设定一个条件,如要求观众凑齐5个灯牌,一旦达到条件,主播就会立即展示福利品。对观众而言,这是一种不确定性的刺激,从而增加互动的可能性。

直播展示如图2—16所示。

图2—16 直播展示

(3)引导评论

引导评论是一种有效的手段,可以在后台评论中制造即将转款产品的热度和受欢迎程度,从而引发从众心理。如可以通过中控的协作,将中控扮成一个假扮成观众,然后提到即将转款的产品。在这个过程中,要确保中控的评论精准而明确,不能只是表达想看哪种产品,而是要具体描述即将上市的产品,如产品的优点、好用的体验等。通过引导评论,可以让中控表达对产品的好评,观众从而也会受到从众心理的触发。

在引导评论时,主播可以提出问题,如:"有没有人觉得这个产品很好用?"或者"有没有朋友用过这个产品?"。主播还可以强调产品的热门和受欢迎程度,提到库存有限、紧急增加库存等信息,以制造购买紧迫感,如"热卖爆款××手表库存严重不足,由于超高人气,我们正在紧急增加库存!机会有限,赶紧抢购!"通过利用评论引导,主播能够为即将进行的转款创造良好的预期氛围,如图2—17所示。

图2—17 引导评论

(4)转款承播主播关键点

话术关键点在于尽快塑造产品的价值,因为观众已经看完上一个产品的介绍,甚至可能已经拍到商品了,对下一个产品并不了解或不感兴趣。在这种情况下,要迅速表达转款产品的使用价值,包括产品的原价、现价以及为什么在主播这里购买更划算等信息。这有助于吸引那些可能考虑再次购买或正在比较价格的用户,促使他们迅速下单。

情绪关键点在于维持转款的激情,激发粉丝的情感共鸣。主播在转款的过程中要营造一种紧迫感,强调今天是特别的日子,产品可能是限时、限量或独家的,如果错过就会失去机会。主播可以通过强调在特定地点、特定时间进行直播,以及提到产品可能的独特性等方式,激发观众的兴趣和购买欲望。在情感层面上,主播可以与观众建立一种紧密的互动关系,同时通过情感的表达,引导观众积极互动,提高转款的效果。

(5)合适的过品时间

优秀的主播不仅需要掌握如何进行产品介绍,还要懂得在何时进行适当的过品介绍。以下是一些合适的过品时间(见图2—18)

①当直播间的用户流失大于进入的用户时。此时,直播间的人数开始下降,平台推流开始减少,而在讲解产品时,若不及时进行产品介绍,用户数量则可能会急剧减少。此刻进行产品介绍,可有效防止用户流失,避免平台减少推流。

②在开售后销售效果极差,没有互动,用户对产品不感兴趣,购买的人数很少,甚至催单也效果不佳的情况下,可以考虑过品。这表明产品可能不太适合当前用户,需要及时调整。

③在原定的产品讲解时间结束后。一般来说,开播前会设计直播脚本,提前计划

好每个产品的讲品时间,当某个产品达到了原定的讲品时间且没有过大流量波动的情况下,应该正常过品,避免影响其他产品的讲品时间。

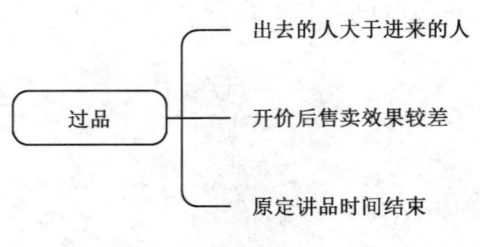

```
                    ┌── 出去的人大于进来的人
            ┌─────┐ │
            │ 过品 │─┼── 开价后售卖效果较差
            └─────┘ │
                    └── 原定讲品时间结束
```

图 2—18 合适的过品时间

直播间有两种主导过品的方式:一种是由运营主导,通过观察罗盘的实时数据,包括成交金额、成交转化和曝光转化等,提醒主播何时过品,以及下一个品是什么;另一种是由主播主导,通过观察在线人数的变化和用户的公屏反馈,来决定何时过品。

此外,在直播间在线人数稳定在一个较高水平时,不应再以福利品为主去调动观众和互动,而应促使成交密度,以提高利润和销量。主播的话术应以产品讲解为主,以成单为导向进行互动。当在线人数较低时,主播应保持冷静,使用福利品吸引用户停留。在线人数低可能表明当前介绍的产品不符合观众喜好,因此通过福利品拉动停留,多与粉丝进行点对点互动,以粉丝问题为主进行产品介绍,提高在线人数后再进行产品销售。

(三)优质转款话术的案例拆解

示例

五秒钟关闭福利通道,就在一号链接,宝子们直接去拍啊!"我来回购黑水晶,老公说好闻"(观众留言),感谢焕生的支持,感谢宝贝。"贵族玫瑰也想要"(观众留言)……来下一款就上,好不好?……下一款上,在我直播间有多少姐妹进来不到一分钟的,来给我飘520在公屏上,想要"贵族"的也飘520。尤其是我直播间喜欢高货、喜欢高定的,有品位的女人啊,全给我飘520。因为我接下来要炸福利了。对,而且呢,是绝对好东西拿出来给你。实操见图 2—19。

拆解

首先,可以明显看出主播通过评论互动进行转款。这两个评论是由一个人发表的,而此 ID 大概率是他们的中控在与主播进行配合。因此,如果你是一个团队,与中控的配合是非常重要的。很多时候,中控可以引导主播进行转款,如评论中提到要"回购黑水晶,老公说好闻",指的就是所介绍的香水产品——黑水晶。但随后发现该产品已经卖不动了,于是迅速转向"贵族玫瑰也想要"以此来引导转品推销贵族玫瑰。

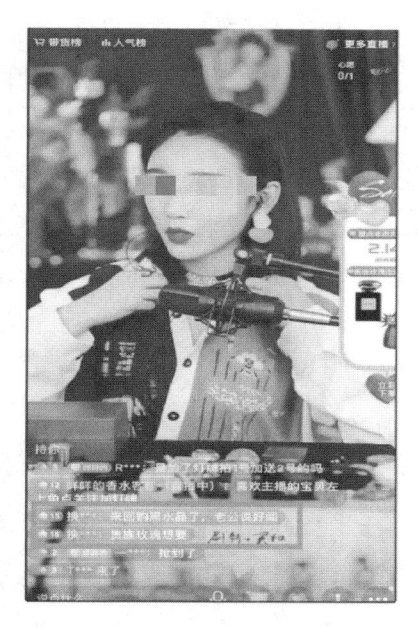

图 2-19 转款互动配合话术

因此,团队中的中控在这个过程中起到了关键的协调和提醒作用。

其次,主播提到了感谢支持、感谢宝贝,并引导用户关注贵族玫瑰。通过互动顺利地进行了转款,这种转款过程非常流畅,不会显得尴尬。重要的是接下来引起互动的那句话,如在直播间问"有多少姐妹刚进来不到一分钟的给我飘 520"。主播成功地通过两次互动引起了关注,第一波是刚进来的扣 520,第二次是想要贵族玫瑰的人也扣 520。在主播说这句话之前,她已经预测到想要贵族玫瑰的人会很少,甚至可能没有人扣。

最后,主播巧妙地通过利用人的虚荣心来引导评论,说了一句"尤其是我直播间喜欢高货,喜欢高定的,有品位的女人啊,全给我飘 520",事实证明没有哪个女人会希望自己是没品位的,这种方式来引导互动也是非常巧妙的。尤其是直播间的受众是女性,主播甚至还使用了一些小手段以激发观众的虚荣心,通过产品上架与用户建立共鸣,让用户觉得自己是有品位的人。这实现了用户共情,升华了产品的价值。

三、优质开价话术解析

(一)开价话术的概念与作用

在直播带货中,开价话术是主播通过言辞技巧激发观众购买欲望的重要手段。开价的目的在于为观众创造一种占便宜的感觉。观众并非只是寻找低价的商品,而是渴望在购物中感受到物超所值的体验。以垃圾袋为例,即使售价为 9.9 元,在垃圾袋市场也并不算低廉，观众可能并未产生占便宜的感觉。开价的目标是让观众觉得产品原本应该很贵，没想到价格如此便宜，创造出价格和价值的反差感。通过这种心理策略，再进行开价时会发现观众更容易产生购买欲望。再以卖大牌口红为例，如果将一支售价400多元的口红在直播间以199元的价格销售，并保证正品，虽然9.9元的价格更低，但199元才是能够给观众带来真正占便宜感觉的价格。这种定价策略旨在打破观众对产品价格的预期，使观众感受到独特的优惠和超值体验，从而促使更多的成单。

（二）优质开价话术的策略

1. 前期准备，熟知客户与产品

在开价前必须确保产品介绍清晰、价值塑造到位，主播需要围绕产品把场景化痛点需求，利他化产品卖点，升华化价值塑造以及心理化促销成单这四点都表达出来。首先，了解观众的痛点需求，即针对产品特点制定场景化的讲解策略，解决观众关心的问题。如在售卖毛衣时，主播可以演示不起球和不产生静电的场景，通过实际展示满足用户需求。其次，主播需强调产品的卖点，以观众易于理解的方式说明产品优势，如使用316不锈钢保温盒，可通过强调其耐用性来满足用户需求。然后，主播要进行价值塑造，让观众认识到产品的高价值，从而产生占便宜的感觉。最后，通过消费心理学引导话术，为用户创造紧迫感和错失机会的焦虑，促使观众快速下单。

2. 低价开价，逐步降价

第一种开价策略是采用低价起步，并逐步降价，适用于那些一眼就能明确价格的商品，如卫生纸、面包、春夏服装等。以399元一件的羊毛外套为例，这个价格在一般的直播间比较普遍。接着，主播可以开始降价，先降至359元，再降至329元。根据锚定效应原理，人们对于某一初始信息（锚点）的过度依赖，影响后续决策。在开价中，通过先呈现一个较高的"原价"或市场价，然后再提供一个相对较低的实际售价，创造了价格的对比，使实际售价看起来更具吸引力。且在此过程中，中控可以辅助把控直播间的进程，而副播则通过一分钟的开单时间来促进销售。观众也能看到小卡片上的热卖数量持续增加，进一步促使观众产生购买决策。

3. 塑造高价值，低价开价

第二种开价策略是通过低价格起步，但在开价过程中重点塑造商品的高价值。这种方式更适用于那些价格没有明显参照的商品，如服装、玉器、珠宝等。这种开价策略通过注重产品的品质和特点，使用户对商品产生高价值的认知。感知价值理论认为，消费者购买决策的主要驱动因素是他们对产品或服务所感知到的实际价值。

如果消费者认为产品提供的利益超过了其花费,那么他们可能认为这个产品有高感知价值,也就更容易做出购买决策。当主播说出"这款大衣选用了顶级面料,设计独特而时尚,穿着舒适,质感上乘,但在我们今天的直播间只卖 199 元",这往往会让用户产生惊喜的感觉。

4. 开门见山,直接开价

第三种策略是直接进行开价,适用于那些有限时间和数量的热销产品。如在某个直播间中,主播选择了限量销售的方式,并且基本上没有过多强调产品的价值;又如主播简要提到了带货的裤子备受粉丝喜爱,回购率很高,然后直接进行开价。

以上三种开价策略见图 2—20 总结。

优质开价策略
- 低价开价,逐步降价
- 塑造高价值,低价开价
- 开门见山,直接开价

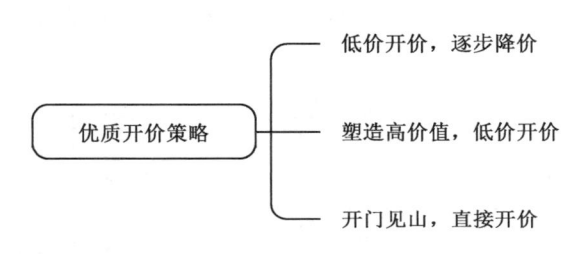

图 2—20 优质开价话术的策略

5. 六种方式开价上款

本小节提供六种常见的开价上款的模板。值得注意的是,话术是一门艺术,每个人都有自己的模板。新手主播们需要通过深入了解其中的技巧,加以实践,逐渐形成属于个人风格的独特话术。如图 2—21 所示,六种开价的话术。

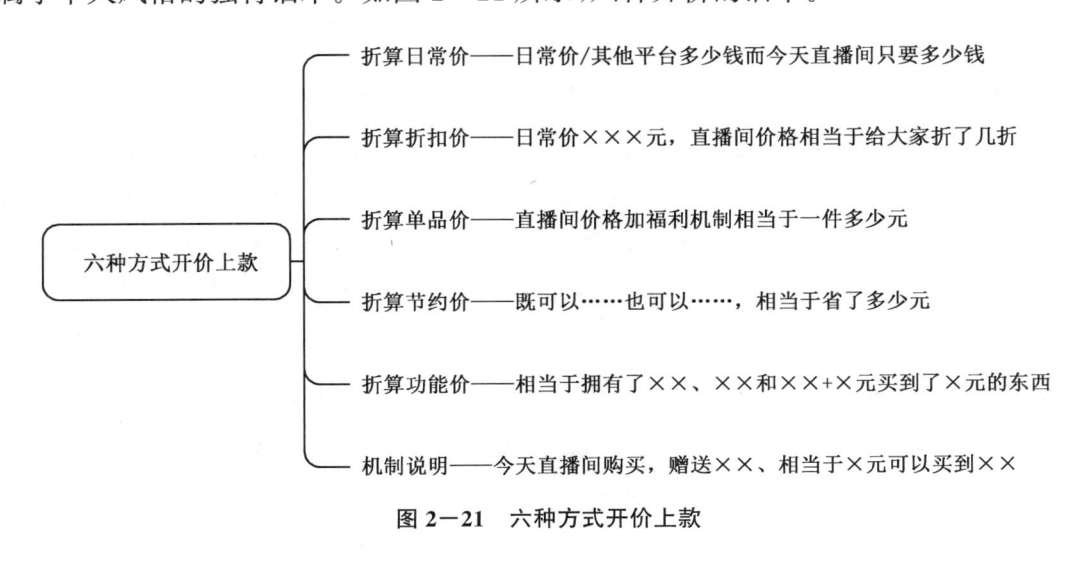

六种方式开价上款
- 折算日常价——日常价/其他平台多少钱而今天直播间只要多少钱
- 折算折扣价——日常价×××元,直播间价格相当于给大家折了几折
- 折算单品价——直播间价格加福利机制相当于一件多少元
- 折算节约价——既可以……也可以……,相当于省了多少元
- 折算功能价——相当于拥有了××、××和××+×元买到了×元的东西
- 机制说明——今天直播间购买,赠送××、相当于×元可以买到××

图 2—21 六种方式开价上款

(1)折算日常价

通过将产品的价值与日常价格相比较,主播在开价时告诉观众,今天在直播间能够购买到原本日常价为399元的连衣裙,而现在仅需199元。这种方式强调观众若错过今天的直播,则将无法再以如此划算的价格购得这款连衣裙。

(2)折算折扣价

将日常价格和直播间价格相比较,再折算相当于打了多少折。这种开价方式旨在突出产品的高价值和超高性价比,强调只有在直播间才能享受到如此高性价比。

(3)折算单品价

将直播间价格与福利机制相结合,告诉观众一件商品相当于多少钱、适用于价格一目了然的商品,注重定点互动,通过讲解产品和福利机制来进行开价。

(4)折算节约价

强调购买产品既能实现怎样的效果,还可以省下多少钱。适合销售多功能商品,如多功能烤箱和榨汁机等电器,通过折算节约的方式进行开价。

(5)折算功能价

强调购买产品相当于同时拥有了什么和什么,通过多功能性来吸引消费者。适用于多功能产品,例如美容仪和电器等,通过折算功能价进行开价。

(6)机制说明

介绍在直播间购买物品并有赠品,相当于多少钱可以买到什么。适用于组合售卖,如粉底液加粉饼的搭配销售。这种方式通过机制说明来进行开价。

(三)优质开价话术的案例拆解

示例

裙子S码是105厘米长,从S码到XL码每个尺码的延长一厘米,像这一块(给到你们)是可以全部能够去打开的,它是一个一片式的,希望你们去穿会更加好看一点;面料很舒服;袖子这一块版型,它是一个整条连衣裙的灵魂所在,因为袖子不能做得很大,如果你做得很大,你穿着就没那么好看了,它就不够精致。面料是带一点小微弹的哦,姐妹们,正常肩,里面是没有加垫肩的哦,我穿的是个小码S码。后面这一块是有一根腰带的,腰带是从这里穿过来,绕过来这里系一圈。很简单的哦,姐妹们。你们有肚子的女生,哎我们吃饱饭,胃比较撑,没有关系,它穿起来很舒服。连衣裙哦姐妹们,一号链接,来,我们昨天炸了是吧?今天给你们再炸一波!今天这一波是多少米的价格呢?听好了,1 399元是我们的吊牌价,是不是?今天直播间给到大家开多少米?本来定价是239元钱,239元这条连衣裙不过分吧,是不是?直播199元不要!给你们炸一波跟昨天一个价格,179元钱开价!一号链接刷新去拍,179元钱品牌直播间一条连衣裙。

拆解

首先,主播在谈论裙子的面料、版型、腰带等方面的内容时,实际上在为商品进行价值塑造。重要的是,她是通过利他的思维方式,如这句"姐妹们,你们有肚子的女生,我们吃饱饭,肚子比较撑,没有关系,它穿起来很舒服也很显瘦。"从观众的角度出发,对产品的价值进行了有针对性地介绍。

接着,当价值塑造完成,观众对这条裙子的原价有了较高的期望时,主播开始介绍吊牌价。她强调吊牌价是1 499元,然后突然宣布今天的特价,本来定价为239元,还强调今天199元都不要,今天直接降到179元开价。这个过程通过逐步降价,从高到低,将观众引导到最终售价,实现了对商品的成功销售。

四、话术丰富锦囊

作为一名新手主播,除了学习上述的开场、转款、开价话术外,初步了解如何通过丰富话术词汇来表达产品价值也是重要的一方面。如今,随着直播行业的竞争日益激烈,仅凭产品介绍、喊麦和娱乐元素往往难以在激烈的直播竞争中脱颖而出,用户对主播的期望也逐渐转向更注重精神层面的体验。因此,提升口语表达能力,增强在直播间的文化内涵显得尤为重要。带货主播需要注重提升自身口才,使语言更为准确、生动,能够深刻而精佳地传达产品信息。此外,在直播环境中培养自身文化韵味也是至关重要的一环。通过丰富的文化知识和深度地思考,主播能够在直播过程中展现更为独特的一面。

更为详细的塑品话术学习内容放在本书第二阶段的章节中。而在本节中,我们将深入研究如何丰富话术词汇量,提升主播的表达能力和沟通效果。通过掌握精准的词汇和富有创意的表达方式,主播们将能够更好地与观众建立连接,使直播带货过程更加生动和引人入胜。随着话术词汇量的不断充实,主播们将更具表现力,为观众呈现更引人入胜、更具说服力的直播体验。

(一)丰富话术词汇量的策略

本节主要借助美食类、美妆类、日化类产品,研究丰富话术词汇量的策略。新手主播可以熟词于胸,以备词穷时可以灵活运用。

1. 丰富美食类产品话术词汇的策略

为了丰富美食类产品直播的词汇,新手主播首先可以去学习美食的文化背景,如了解该菜系的起源,为观众呈现一场美食历史的时光旅程;挖掘食品品牌的历史和传承,了解品牌的创立故事、独特制作工艺或传统秘方,向用户传递出更多的品质和信任感,从而提升产品的吸引力。

此外,对美食产品的价值塑造是最重要的一环,具体可从美食产品的外观、口感、味道、适用人群等方面展开。图2—22为美食类产品。以下提供这四个方面的常见词汇。

图2—22 美食类产品

(1)外观

词语:好看、美丽、美观、艳丽、雅观、精致、精美、华丽、尊贵、便捷、友好、实用、大气、珍贵、怀旧、复古等。

成语:五颜六色、晶莹剔透、小巧玲珑、玉盘珍馐(珍贵稀有的美食)、严严实实、别出心裁、八珍玉食(精美的食品)、垂涎欲滴、色泽光亮、色泽鲜亮、光彩夺目、食指大动(指美味可吃的预兆)、朴实无华、美轮美奂等。

(2)口感

①软:细腻、柔软、松软、Q弹、绵密、酥松、软糯、软和、筋道、韧性、嚼劲、棉花糖般柔软、热腾腾、软软糯糯、香甜软糯、骨软筋酥、酥松软糯、柔腻松软等。

②脆:爽口、酥脆、劲道、香脆可口、甘脆爽口、酥脆可口、咔滋咔滋、干巴利落、柔筋脆骨、薄脆爽口等。

③嫩:玉盘珍馐、珍馐美味、秀色可餐、饕餮大餐、凤髓龙肝、爽滑酥嫩、肉汁四溢、鲜美多汁、口感丰满、回想悠长、软嫩滑爽、入口即溶、入口即化、酥脆香口、外焦里嫩、香脆可口、甘脆爽口、清爽可口、嫩滑爽口等。

(3)味道

①甜:回甘、香甜、浓密、甜蜜蜜、香甜软糯、香甜可口、甜香四溢、甜甜蜜蜜、新鲜甘甜、甜蜜无穷、酸甜可口、甘甜爽口等。

②辣:给力、够呛、够辣、麻辣、香辣、火辣、爆辣、劲辣、酷辣、爽辣、甜辣、火辣辣、

辣乎乎、热火朝天、鲜香麻辣、油而不腻、麻辣鲜香等。

③香：咸香、醇香、唇齿留香、口齿留香、色味俱佳、垂涎欲滴、垂涎三尺、八珍玉食、其味无穷、余味无穷、回味无穷、脍炙人口、津津有味、色香味浓、美味佳肴、香味扑鼻、香飘十里、浓香四溢、芳香四溢、珍馐美味、沁人心脾、沁人肺腑、山珍海味、香飘十里、殊滋异味、意犹未尽等。

（4）适用人群

①青年：嘴馋、必备零食、刺激、精神抖擞、补铁、补钙、补充营养、蛋白质、优质蛋白、脂肪酸、生长发育、促进脑细胞、改善大脑反应力、调理作息、骨骼发育、补充水分等。

②中年：减肥、抗癌、卫生、胶原蛋白、熬夜、压力大、工作忙碌、三餐不定、暴饮暴食、无法准时用餐、脱发、健身、全麦、低脂、以备不时之需、抗氧化剂、应酬、疲惫、烟瘾、提高精神、精力旺盛、增加体能等。

③老年：软糯、绵密、松软、不粘牙、营养、健康、易消化、肠胃蠕动、骨质疏松、补充营养、微量元素、降"三高"等。

另外，使用古诗词也可以为直播间营造浓厚的文化氛围，增加观众的审美感受，这有助于提高直播内容的艺术性和文学性。

（5）古诗词

春盘得青韭，腊酒寄黄柑。——苏轼《元祐九年立春》

雪沫乳花浮午盏，蓼茸蒿笋试春盘。——苏轼《浣溪沙》

稻米流脂姜紫芽，芋魁肥白蔗糖沙。——权邦彦《乐平道中》

黄橙调蜜煎，白饼糁糖霜。——耶律楚材《西域河中十咏 其十》

扶南甘蔗甜如蜜，杂以荔枝龙州橘。——李颀《送刘四赴夏县》

青杏黄梅朱阁上，鲥鱼苦笋玉盘中。——王琪《忆江南·柳》

露碗涵醇醴，冰盘饷美瓜。——刘敞《同持国过江＋新作池亭三首·其一》

白爃羔羊，玉雪如双，月饼黄金似。——夏言《感皇恩·其二·中秋日恭述》

桂花香馅裹胡桃，江米如珠井水淘。——符曾《上元竹枝词》

2. 丰富美妆类产品话术词汇的策略

新手主播共要拓展美妆类产品直播的词汇，首要步骤是深入了解推广品牌的历史和品牌文化，通过挖掘品牌故事、创立初衷和核心价值观，传递产品的独特性和品牌文化。同时，学习美妆行业的流行趋势、专业术语，能够提升主播对产品的解读能力，增强直播内容的专业性。图2—23为美妆产品，美妆产品非常适合直播销售。

图 2—23 美妆产品

对美妆产品的价值塑造则可以从包装、质地、上脸效果、具体成分方面进行。

(1)包装

①词语：好看、美丽、美观、艳丽、雅观、精致、精美、华丽、尊贵、奢华、小巧、便捷、友好、实用、大气、可爱、复古、国风、韩范、端庄、科技、质感、分量、光滑、磨砂、仪式感等。

②成语：五颜六色、晶莹剔透、小巧玲珑、严严实实、别出心裁、色泽光亮、色泽鲜亮、光彩夺目、朴实无华、美轮美奂等。

(2)质地

①护肤：清爽、保湿、细滑、舒适、细腻、柔软、温和、轻薄、强韧、绵密、水凝、无硅感、嫩嫩的、吸收、水油分离、润而不油、润而不腻、顺滑如丝、质地绵软等。

②彩妆：轻盈、轻薄、粉感、滋润、细腻、水润、哑光、绵密、柔软、柔滑、柔韧、丝绒、丝滑、浓郁、舒适、软糯、柔润、软绵绵、羊绒质地、薄如蝉翼、细腻润滑、细腻璀璨、天鹅绒般细腻触感、如生巧般丝滑等。

③卸妆：润滑、丝滑、水润、溶解、清爽、轻薄、温和、纯天然、冰激淋质地、土豆泥质地、不油腻、不糊眼、不辣眼、滴滴臻萃、细腻光泽、润而不油、油而不腻等。

(3)上脸效果

①护肤：透亮、通透、修复、奶油肌、牛奶肌、灵魂成分、双效焕新、改善混油、亲和肌肤、水油平衡、净澈焕肤、以水补水、高能净润、加乘保湿、黑科技、肌肤焕新、由内而外、肌肤新生、双重功效、高能焕肤、改善粗糙、净澈透亮、抛光提亮、淡斑美白、焕白保湿、高保湿、嫩肌肤、淡纹路、提轮廓、无负担、滋养肌肤、加强修护、抗皱紧实、淡化纹路、紧实丰盈、修护肌肤、丰弹紧致、层层修护、至润滋养、保持平衡、饱满嘭弹、充盈紧

50

致、细腻肤质、淡纹抗皱、提升抵抗力等。

②彩妆：干净、服帖、自然、原生、温柔、柔亮、显白、光泽、持妆、透气、控油、融肤、丰盈、华丽、复古、慵懒、深邃、均匀、成膜、不假面、不拔干、不晕妆、会呼吸、易成膜、好延展、易贴合、收轮廓、塑五官、平凹陷、服帖瓷实、一抹柔焦、自然无暇、点睛之笔、画龙点睛、饱满立体、深邃高级、精雕骨相、迷人诱惑、浪漫梦幻、优雅气质、雅致交融、自信美丽、无限魅力、随性日常、温柔底色、色彩碰撞等。

③卸妆：滋养、清洁、纯净、高品质、纯天然、通毛孔、祛油脂、养肤精粹、滴滴臻萃、改善肌肤、以油锁水、以油养肤、以油溶油、净澈通透、清洁毛孔、放松愉悦、净爽水感、清透润感、舒缓锁水、稳定肌肤"小情绪"、SPA级别等。

(4) 具体成分

①美白淡斑：谷胱甘肽、烟酰胺、维生素C、熊果苷、传明酸、低聚原花青素、曲酸、水杨酸、光甘草定、果酸、积雪草、维生素C衍生物、对苯二酚、抗氧化剂、壬二酸、亚油酸等。

②保湿舒缓：尿囊素、水杨酸、甘油、神经酰胺、红没药醇、丙二醇、泛醇、细花含羞草树皮提取物、积雪草提取物、甘草酸二钾、金盏花提取物、百花黄春菊花油、芦荟、金缕梅提取物、玻尿酸、玻色因、海藻糖、油脂类成分、修复性成分、吸湿性成分、多元醇类、透明质酸、3肽-32、二裂酵母发酵溶胞产物等。

③清洁：表面活性剂、防腐剂、活性添加剂、磨砂膏、皂基、保湿剂、月桂酰谷氨酸钠、月桂酰肌氨酸钠、水溶高分子、抗氧化剂、去角质颗粒、透明质酸、脂肪酸、海藻提取液、羊毛脂、脂肪醇、橄榄油、角鲨烷、矿物油脂、脂肪酸酯等。

3. 丰富日化类产品的话术词汇策略

日化用品是指日用化学品，是人们平日常用的科技化学制品，包括洗发水、沐浴露、护肤、护发、化妆品、洗衣粉等。拓展日化用品直播词汇，可以从科技提升生活品质、生活与家居、生活与环保等方面进行丰富。如果产品采用了某项先进技术，则凸显"为生活注入科技的便利"的理念；如果产品主要功能在于提升家居生活品质，则让用户感受到产品在日常生活中的实用性；如果产品的环保特性、可持续性突出，则强调环保生活方式；等等。

日化用品如图2—24所示，对于日化品的价值塑造则一般聚焦于使用感受、使用效果、适用场景方面。

(1) 使用感受

①触觉：舒适、舒服、适宜、厚实、细腻、柔软、柔韧、亲肤、绵柔、温和、强韧、光滑、防滑、全棉、纤维、纹路、无致敏、不变形、天然不刺激、蓬松舒软、柔厚、水润温和、质地

图 2—24　日化用品

清爽等。

②嗅觉：清香、清新、清冷、雅韵纯净、茶香、花香、果香、清新净味、干净清纯、馥郁芬芳、清香四溢、芳香扑鼻、沁人心脾、丰厚绵密、花团锦簇、鸟语花香、春暖花开、春光明媚、群芳吐艳、莺歌燕舞、如痴如醉等。

③体验：轻松、奢华、淡雅、安心、幸福满满、轻松愉悦、愉悦身心、心旷神怡、妙不可言、骨软筋酥、万籁俱寂、安心温暖、自然体香、明媚干净、明快、活力四射、通透自然、除垢清洁、深度清洁、配方温和、隔离细菌等。

(2)使用效果

①清洁：干净、洁白、清香、亮白、防霉除菌、除味增香、高效去污、有效清洁、亮白修护、轻松呵护、深层渗透、清新空气、焕然一新、光亮如新、安全去污、不留痕迹、效果明显、配方温和、天然养护、好用省心等。

②洗护：香味四溢、香气扑鼻、馥郁、芳香、保湿滋养、轻松护理、去屑止痒、控油滋润、蓬松顺滑、清爽飘逸、柔嫩、沉静式体验、增强肌肤屏障、高级感、改善肌肤、紧致毛孔等。

(3)适用场景

①日常：随身携带、方便、快捷、便利、便捷、顺便、简单、容易、快速、幸福感、闲暇、优游自在、闲情逸致、日常使用、随时随地、即刻、任何时间、任意地点、旮旮旯旯、犄角旮旯、办公小憩、休闲宅家等。

②馈赠：定制、高端、温馨、大气、品位、高调、格调、极致、聊表寸心、物薄情厚、精妙绝伦、桃李之馈、无价之宝、奇珍异宝、绝无仅有的一份情谊、深情厚谊、心心相印、情同手足、志同道合等。

(二)丰富话术词汇量的案例拆解

1. 丰富美食类产品话术词汇的案例

示例

你可以在这里买一单东方甄选的大米,请你感受一下大米煮熟了之后,或者蒸熟了之后,家里餐厅里飘出的香味儿。炒一些家常的菜,土豆丝儿,麻婆豆腐,尖椒炒肉,就是那些非常简单而又让人愉悦的食物,你发现你一次可以吃很多很多。……后来到了大城市你奔忙,你偶尔也会去参加一些所谓重要的饭局,迎来送往。食物都很贵,酒也很贵,但你每次吃的都不怎么舒服,你发现你饭量也变差了,你睡眠也不怎么好……于是还是怀念,怀念回到家里蒸的东方甄选的稻花香大米,香气扑鼻,回甘香甜,真的香,好山好水出大米。一个特殊的神奇,就是大自然的鬼斧神工,就是那样肥沃的黑土地,那样温度晒到正好阳光和水,所以能够在稻子开花的时候很好的灌浆,昼夜的温差也正好。一切都是巧合,没有巧合怎么会相遇,你怎么会鬼使神差地点到这个直播间里,听了几分钟都没走,试一单这个大米朋友们。董宇辉的直播间如图2—25所示。

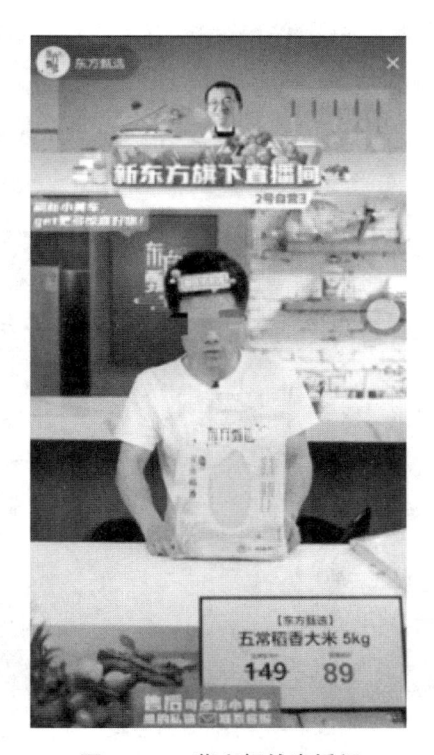

图 2—25 董宇辉的直播间

拆解

董宇辉的这段直播话术巧妙运用了情感表达和生动描绘,引发了用户对家常美食和自然生活的情感共鸣。首先,他运用对食品的嗅觉描述,使得观众仿佛闻到了大米煮熟后的香味；其次，巧妙地切入大城市生活的疲惫，唤起了观众对回归自然、宁静生活的向往；最后，着重体现了带货产品的价值塑造，对东方甄选大米的品质与自然属性进行了突出强调。整段话的文风十分具有画面感和韵味，可见主播本人的文化底蕴。看一场直播仿佛步入一场读书会。整体而言，这段话术通过综合运用情感共鸣、味觉刺激、品质强调和生活场景刻画等手法，从而进一步引导观众产生购买欲望。

2. 丰富美妆类产品话术词汇的案例

示例

大家有没有注意到，夏天的粉底液比冬天的暗沉得更快，夏天出油量会比较多，油脂氧化过后，就会变成黑黄色，所以你的脸才会看着暗沉。白天使用抗氧类的精华是很好的选择。还有一点大家会忽略掉，就是抗糖，特别是都市白领、都市丽人，熬夜加上管不住嘴的饮食，确实是会造成糖化反应。所以你的脸会暗黄，慢慢地松弛。对于护肤品，尽量选择具有抗糖功效的。如果你有这些需求，早上是非常适合用双抗的——抗糖加抗氧，然后要再配一支好用的防晒霜，这样搭配短期内去黄的效果是很快的。第一次用先按压瓶盖摇晃瓶身进行，一定要激活充分融合。它是凝露质地，推开很清爽。油性皮肤很喜欢这个质地。我是油性皮肤，每次差不多用两泵。夏天可以直接用完它就上防晒霜。后续还是要加一点面霜，吸收完它是清透滋润的。这种凝乳质地，推开之后是轻薄的润，但是不油。记住a醇是放到晚上用。精简护肤的话，我觉得夜间一支精华液就够了，后续再上一个清爽的乳液或者是面霜就可以了。吸收完之后脸真的很软，第二天起来更软。如图2—26所示，主播在介绍美妆产品。

图2—26 博主豆豆_Babe对美妆产品的介绍

拆解

该段对美妆类产品的描述，先从"夏天的粉底液比冬天的暗沉得更快"的现象讲起，再对其进行解释。其中用到美妆行业的一些术语，如"油脂氧化"。主播还提到了带货产品的适用人群——都市白领、都市丽人。产品的功效是抗糖，质地是凝露，推开清爽，吸收完后脸很软。这些描述综合在一起将产品介绍得十分详细、具体，种草效果十足。

3. 丰富日化类产品话术词汇的案例

示例

过年家里人多，纸用着也费，你就得趁着维达有新品尝鲜价的时候多买点。这一大包里面有20卷，然后每一卷都是实心的，看，比我胳膊还粗，这款纸主打的就是羊绒质感，用起来特别舒服、很绵软，但是绵软中还带着韧劲，你看这个纸真的很厚实，跟我们平常用的卫生纸不一样。图2—27为销售卫生纸的直播间。

图2—27 卫生纸带货

拆解

这段直播话术通过生动的描述和实用的场景引导，成功突出了产品的特点和优势。首先，通过强调过年家庭聚会，点明了需求场景，为后续的产品介绍做了铺垫。其次，以维达新品尝鲜价作为切入点，激发了观众的购买欲望。对产品进行详细介绍时，突出了新品20卷、实心设计的特性，用直观的比喻描述纸张的厚实度。最后，通过强调羊绒质感、舒适绵软和韧劲，进一步突出产品的品质与使用体验，塑造了其产品价值。

项目三　主播表达表现

项目任务操练：面对镜头开启零食类带货直播

经过一段时间的上岗直播后，新主播们对上播过程中的直播话术已经非常熟悉。为了进一步提升直播间的氛围、打造更有情绪化的直播间，接下来我们就要对我们的表情、声音、动作进行专项化的提升和锻炼，以提升主播的镜头感和表现力。

项目任务书

项目三任务书的内容见表 3—1。

表 3—1　　　　　　　　　　项目三任务书

理论学时	2 课时	实操学时	4 课时
知识目标	(1)主播镜头感的提升方法 (2)直播过程中的面部表情和肢体动作标准 (3)提升感染力常用的方法		
技能目标	(1)掌握产品卖点的快速凝练能力 (2)属性食品类直播间的节奏		
素养目标	(1)提高主播镜头感 (2)明确重音对于介绍产品的重要性 (3)掌握直播过程中的面部情绪表达		
项目任务书描述	(1)语速和节奏的控制视频录制 (2)面部表情与所传达信息匹配视频录制 (3)眼神定力视频录制		
学习方法	(1)动手实践 (2)对标账号学习		

续表

理论学时	2课时	实操学时	4课时
所涉及的专业知识	(1)主播话术节奏的调整 (2)主播声形体表的展示 (3)直播过程中表情与动作的协调		
本任务与其他任务的关系	本任务为主播正式开播前的核心任务,只有具备优秀的话术撰写功底,才能保证上播过程中结合用户需求把直播间产品和福利价值最大化		
学习材料与工具	对标直播间1间		
学习组织方式	全部流程以个人为单位组织,完成整个作业的所有内容		

项目指导书

完成本项目全部任务的基本路径见图3—1。

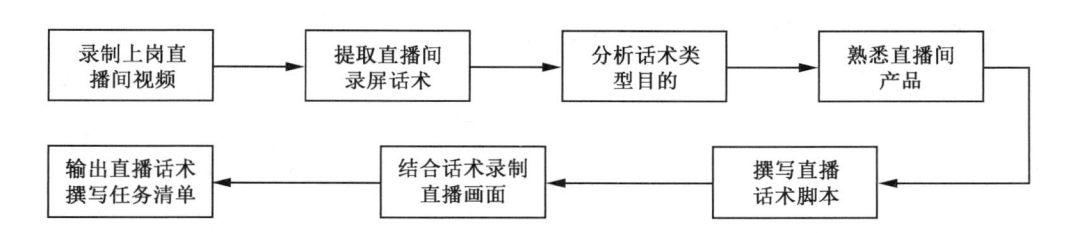

录制上岗直播间视频 → 提取直播间录屏话术 → 分析话术类型目的 → 熟悉直播间产品 → 撰写直播话术脚本 → 结合话术录制直播画面 → 输出直播话术撰写任务清单

图3—1 完成任务的基本路径

第一步:发声技巧的练习。

(1)呼吸练习。通过深呼吸和缓慢呼气来控制气息,使声音更加稳定。

(2)声带热身。进行简单的声带热身练习,如轻声哼唱、元音发音等,以预防声带疲劳。

(3)音调控制。练习不同音调的发音,包括高音和低音,以增强声音的灵活性和表现力。

(4)语速和节奏控制。控制语速和节奏,使讲话更加流畅、自然。

(5)声音强度控制。练习不同强度的声音,以适应不同的场合和观众群体。

(6)情感表达:练习用声音表达不同的情感,如喜悦、悲伤、愤怒等,以增强声音的感染力。

(7)录音和回放。录制自己的声音,并仔细倾听回放,找出需要改进的地方,不断练习和提高。

示例

安修泽油橄榄精华介绍

这是个口碑爆好的东西啊，你们就上网随便搜一搜，应该都能搜到几万条的好评。安修泽油橄榄精华，我觉得它就跟"佛跳墙"一样，就是啥好东西都跟不要钱一样往里加。这个东西呢，它就像是你皮肤问题的一个总闸门，就你啥时候涂，你脸上的问题就啥时候拉闸，戛然而止。听好了，如果脸上长痘，包括但不限于那个成片成片一茬一茬往外冒，你们就每天晚上涂这个啊，痘子下去得快，而且不容易留痘印。

尝试寻找话术里的重点，用重音去强调，不是重点的，可以用缓和、轻松的语气去讲解。

第二步：语速和节奏的控制练习和视频拍摄。

（1）快——催下单的时候

朋友们没付款抓紧去付款了。我们还有30单，还有20单，还有10单，没了。没付款抓紧去付款了，要不然清出来了来，来，54321，下架！

（2）慢——讲产品的时候

"这件连衣裙我们采用的是真蚕丝，并且给大家做到了立体剪裁，所以上身会非常显瘦。"

（3）高——提问题，讲重点的时候

有没有想要这款产品的朋友？有没有冬天脸上干燥起皮的朋友？有没有和主播一样是过敏肌，有没有脸上经常长痘痘的宝宝？

（4）低——转品

比如说，我很快的，54321上架，讲完了，很快很快……OK，好，接下来给大家看下一个产品，喜欢直播间的朋友我们可以点一下关注，我们下一款产品就是大家期待已久的……

（5）强弱——形容词副词强，名词弱

这个产品真的非常好用，真的太好用了！

"非常"和"太"读出来要强，"产品"读出来相对较弱。

读者可作业一参考以上快、慢、高、低、强弱5种场景，进行练习并录制1段包含着5种语速的视频。话术可自行设计。图3-2为发声练习的生理原理图。

第三步：提升面肢表现力练习。

（1）观察和模仿。观察优秀演员或演讲者的面部肢体表现，并模仿他们的表情和动作。

（2）情感表达。通过面部表情和肢体语言来表达不同的情感，如喜悦、悲伤、愤怒等。

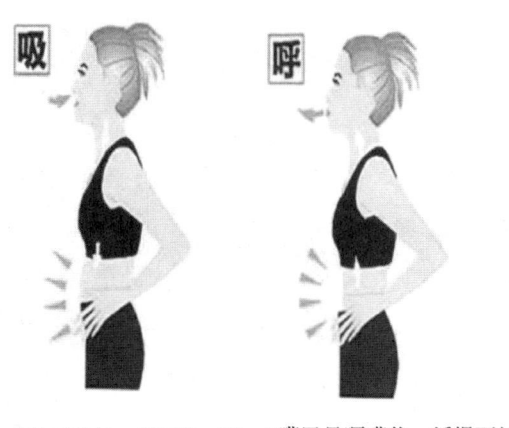

■ 鼻子吸气，横膈膜下降，腹部会凸出
■ 嘴巴呈噘嘴状，缓慢不间断地吐出，小腹会内缩

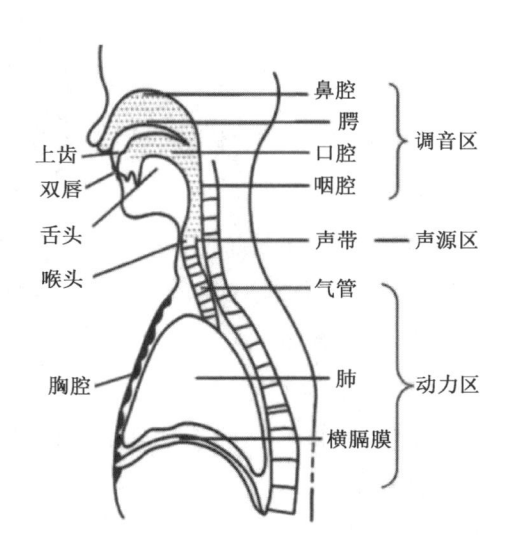

图3—2　发声练习的原理

(3)角色扮演。选择一个角色，并通过面部肢体表现来展示这个角色的性格和特点。

(4)视频录制。录制自己的表演，并观察自己的面部肢体表现，找出需要改进的地方。

图3—3是网上面部和肢体练习的图片，读者可参照练习。

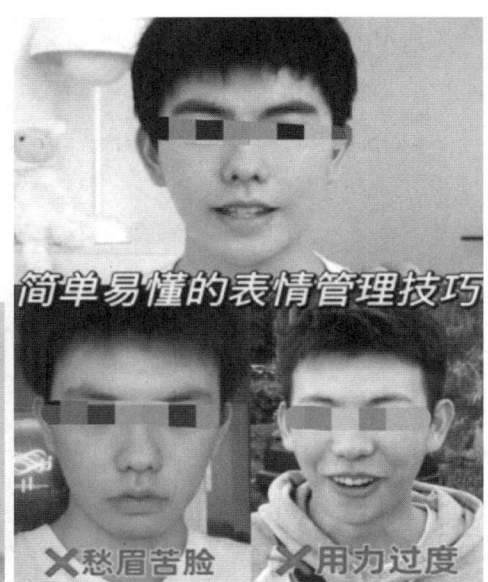

图3—3　面部和肢体练习的参考图片

第四步:面部表情与所传达信息匹配视频录制。

(1)打招呼

hello,大家好,欢迎来到我直播间,我是主播小唐。

(2)求关注

新来的朋友们给我们直播间点点关注,你帮我点关注,我下次帮你找更好的产品,谢谢大家。我是新主播,请大家支持一下我,谢谢。

(3)求点赞

朋友们现在点赞,我们大家一起连击屏幕就可以点赞了,点赞到10万,给大家来一波宠粉的大福利。朋友们像我这样连击屏幕就可以咯,一起点点赞吧!

(4)领福袋

左上角的福袋还有三分钟就要开了。朋友们,这个福袋大家一定要领一下,我们看一下迪奥的99元口红1支,现在只有十几位朋友领了,您抓紧去领一下,免费的,赶紧啦。朋友们,还有三分钟,千万不要离开直播间,离开直播间,可能这个福利就没有了。

读者可参照主播四件套示范,录制一段视频,包括打招呼、求关注、求点赞、领福袋4个环节。练习丰富的面部表情,使面部表情与所传达的信息相匹配,更好地与观众建立情感链接。

第五步:提升镜头感练习。

(1)寻找最佳拍摄角度。主播需要不断尝试不同的拍摄角度,找到最适合自己的角度,从而展现自己最美好的一面。

(2)练习眼神交流。主播需要与镜头进行眼神交流,展示自信和真诚,增强与观众的互动。

(3)注意肢体语言。肢体语言是主播与观众交流的重要方式之一。主播需要注意自己的肢体语言,如站立姿势、手势、眼神等,使其更加自然且富有表现力。

(4)利用道具和背景。主播可以利用道具和背景来增强自己的表现力,如使用鲜花、书籍等道具,或者选择一个富有吸引力的背景。

(5)练习放松和自信。主播需要在镜头前保持放松和自信,避免紧张和不安,从而更好地展示自己的魅力。

(6)观看自己的直播视频。主播可以观看自己的直播视频,了解自己在镜头前的表现,找出需要改进的地方,不断练习和提高。

第六步:录制视频练习眼神定力。

图3-4中眼神定力练习的图片,读者可边讲述下段文字,边进行眼神定力练习。

为什么有的人一开口如春风拂面,令人心旷神怡,但是有的人一开口,却是秋风瑟瑟,万物凋零,让人退避三舍。不是我们说话水平有差距,而是被忽略的口腔异味,无形中给我们的形象加了一层滤镜。口腔异味产生的原因,是牙缝里的食物残渣产生的坏菌滋生、发酵,导致口腔群失衡。要想改善这个问题,还是得做好口腔清洁,尤其要选择一款能调节口腔菌群的牙膏。我们常用的普通牙膏要么是用香精来掩盖异味,要么只含单株的益生菌,刷完之后难闻味道还是挥之不去。

读者可参考以上话术,录制一段眼神定力视频,文案也可自己撰写。

图 3—4　眼神定力练习

第七步:整体形象的提升。

(1)服装搭配。选择适合自己的服装,注意色彩、款式和材质的搭配,以展现自己的个性和魅力。

(2)妆容造型。根据自己的脸型和肤色选择适合的妆容和发型,注意细节的处理,打造出精致的形象。

(3)直播环境。保持直播环境的整洁和舒适,选择一个合适的背景,并注意灯光和声音的控制,为观众提供良好的观看体验。

(4)观众互动。积极与观众互动,回应观众的提问和评论,建立良好的观众关系,提升观众的信任和好感。

图 3—5 是一个成熟主播的整体形象设计。

图3—5 注重整体形象、保持积极互动

项目任务评价标准及评分表

表3—2为本项目任务评价标准及评分表。

表3—2　　　　　　　　　　项目任务评价标准及评分表

项目任务	评分标准	分值	得分
语速和节奏的控制视频录制	了解语速快、慢的话术场景,语速和节奏应匹配撰写的话术	10	
	应用直播节奏与场景实时结合,话术过渡自然流畅	10	
	视频录制内容中,快语速和高声音与慢语速和低声音比较有明显对比	10	
	整段录制视频,有应用高、低、快、慢、强、弱六种全部节奏	5	
	在快节奏和高声音录制过程中确保吐字清晰	5	
面部表情与所传达信息匹配视频录制	眼睛平视镜头,瞟向其他地方次数不超过3次	10	
	表现主播四件套时,每一步面部表情和情绪输出有变化	10	
	表现主播四件套时,每一步都有对应肢体动作	10	
眼神定力练习视频录制	眼睛平视镜头,无瞟向其他地方	10	
	掌握语言信息表达内容和眼神匹配,引导观众注意所表达的内容	10	
	录制的视频、话术或故事有头有尾,完整度高	10	

知识准备

项目二中我们学习了怎样为直播撰写话术,那么如何将话术进行表达与表现就成为我们接下来要思考的话题。本项目从声音掌控力、直播镜头感、面肢表现力、个性感染力这几个维度展开,提高新手主播的表达表现力。

一、主播声音掌控力

语言,伴随着人类的诞生而产生,是在人类相互交流过程中使用最为频繁、最为便捷的信息传递方式。运用有声语言所进行的人际交流与信息传递的方式即为有声语言表达。

(一)开嗓练声方式

1."中"的美学原则

创作主体的口腔控制、用气发声、共鸣控制、弹性变化、内外部技巧运用等方面都要遵循"中"的美学原则,中规中矩、合情适度,进而生发出"美"。

2. 口部操练习

口部操是一种通过练习吐字器官进行无声活动,旨在唤醒沉睡的肌肉群,使其灵活有力地参与积极发声,帮助解决唇的发音不到位、吐字不清晰,以及声音不响亮的问题,一般包括上下颌的开闭、唇的展撮,以及舌的伸缩转动等几项练习,其中以唇舌的训练为主。口部操是提高发音能力的一种有效训练方法,也可作为发音前的准备活动。口部操的练习过程见图3—6(a)(b)(c)。

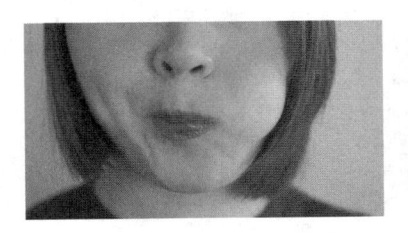

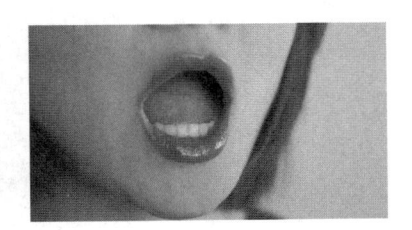

图3—6(a) 口部操 顶舌　　图3—6(b) 胸腔共鸣练习"嘿哈"

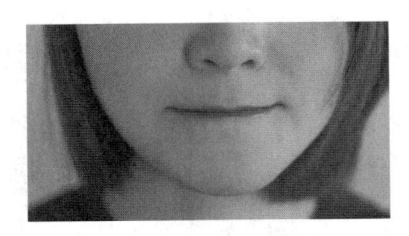

图3—6(c) 唇部口部操 双唇打响

3. 气息控制练习

气息在表达中十分关键，它实际上是声音的支撑系统。当气息不足时，言语会显得无力，听者也容易感受到缺乏生气，给人一种疲惫无力的印象。

学会有效地运用气息控制对于语音的良好表达至关重要。在高音呼喊等需要大声发声的情况下，合理运用气息控制，有助于避免对嗓子造成损伤。此外，熟练地运用气息还有助于使声音显得优美动听，无论是在高音还是低音时都能保持稳定。

4. 声音共鸣及张力的训练

这个训练的作用是增强腔体共振，改善声音响亮度，拓展音域。发声时，全身放松，站姿或坐姿规范。自胸口为支点，所谓"声音张力"指对声音大小、高低支点，声音同时"两头拉"，像拉橡皮筋一样强弱等收放自如的控制能力。

5. 气息的控制

进行气息练习通常是为了应对需要长时间持续快速说话的场景。然而，即使气息再充沛，长篇话语也难以一口气说完。在这种情况下，可以采用换气的方法，通过快速而有力的呼吸练习来扩大肺活量。

而补气的方式包括偷气、抢气和保持气息，可以通过朗读短小而精炼的诗歌、绕口令、散文等，进行补气练习，同时边听边读边体会。

（二）语音声调变化

1. 句调

普通话声调的不同主要表现在调值上，因此在学习普通话时，掌握声调的调值非常重要。在读音时，不必刻意去追求某一绝对高度，只要根据自己的音域确定合理的高低比例，符合声调高低升降的调值即可。声调的调值参见图3—7。

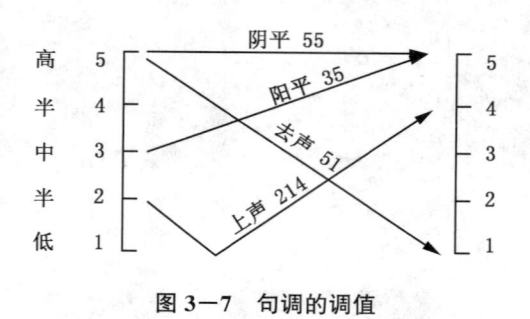

图3—7 句调的调值

2. 语气

用语气来表达感染力，简单来说就是讲话打动人心，能引起共鸣。如果主播的讲话缺少激情、缺少抑扬顿挫，观众听完之后容易昏昏欲睡，直播效果则也会大打折扣。

(1)"爱"的语气

"气徐声柔",发音器官宽松,用声自如,气息深长,出语轻软,给人以温和的感觉。

(2)"愉悦"的语气

"气满声高",发音器官松弛,气息顺畅,激情洋溢,给人以兴奋的感觉。

(3)"悲"的语气

"气沉声缓",发音器官欲紧又松,气息先出,声音后出。声音郁闷、沉静,欲言又止,给人迟滞的感觉。

(4)"怒"的语气

"气壮声威",怒气的语气常表现为激动和愤怒,具有高亢的音调、强烈的声音,以及快速的语速。声音突显尖锐,带有愤怒和不满的情感。

3. 重音

强调重音是指为了突出某种思想感情或强调某种特殊意义,而把语句中的某些词语加以强调的音。强调重音主要有:(1)突出话语重点,能表明语意的词语;(2)表示并列、对比、呼应、递进等关系的词语;(3)表达某种强烈感情的词语;(4)表示比喻、拟声的词语;等等。

4. 停顿

在直播间中运用声音停顿可用于:强调关键信息、增强紧张感、创造悬念、表达深沉情感、思考整理语言、营造氛围和引导观众注意力。这种技巧使语言更有层次和情感,提升了直播的表达效果,同时能够吸引观众的注意力。

停顿类型包括:生理停顿、语法停顿、强调停顿、逻辑停顿(呼应性停顿、并列性停顿、转换性停顿)、特殊停顿(控制现场秩序、列举事例之前、话题转移时、观众鼓掌或发出笑声时)。结合具体语境、停顿的时间长短要适度、恰当地辅以态势语言。

(三)提高口播能力

提高口播能力,可按照图 3-8 所示方法进行练习。

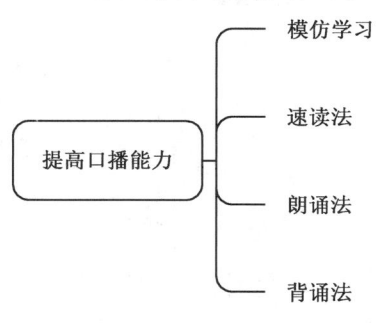

```
                  ┌── 模仿学习
                  │
                  ├── 速读法
  提高口播能力 ───┤
                  ├── 朗诵法
                  │
                  └── 背诵法
```

图 3-8 口播能力提高方法

1. 模仿学习

模仿是最好的老师，是一个强大的学习工具。我们大脑的功能就是通过观察他人进行记忆和学习。我们在学习主播口语表达能力时，同样可以模仿学习，学习优秀的主播是如何进行讲述的，也可以在网络上找一位演讲表达能力较强的人，关注对方说话的方式，并经常模仿练习。如图3—9所示，是几个比较成功的主播，可以模仿学习。

图3—9 可模仿的主播

2. 速读法

"速读"，顾名思义就是快速地朗读，用嘴大声地读出来，锻炼口齿的灵活度。快速阅读有几个有效方法。首先，以段落为单位阅读，关注段首和段尾，找到关键词。边看示范视频边用手指强行拉快阅读速度，可以帮助集中注意力，有效提升阅读速率。其次，拓宽视野，用小卡片遮住文字的一部分，通过余光阅读，长期练习有助于快速阅读。再次，带着问题去阅读，与文字互动，提高注意力和速读效率。最后，把握阅读节奏，视情况快慢有度。注意不要因未一字一句读完所有内容而感到内疚，用自己的表达快速阅读同样能理解作者的主要思想。

3. 朗诵法

朗读注重将书面文字清晰、准确地转换为有声语言,而朗诵则是更高层次的语言表述艺术,强调对文章的艺术处理,通过语速、音调、停顿等技巧,将朗诵材料转变为一种具有艺术表演性质的表达。朗诵要求朗诵者通过声音的风格化、个性化处理甚至戏剧化呈现,达到引发听众情感共鸣、赋有感染力的艺术效果。

此外,朗诵对声音的再现要求标准普通话表达,而使用方言朗诵在大多数情况下难以被接受。朗诵是一种艺术性的表演,要求朗诵者脱稿站立表达,以便更好地展现形态、手势、表情和眼神的和谐统一,增强语言的艺术感染力。

4. 背诵法

通过背诵法在脑海里多记忆一些知识,这些知识信息会在工作、学习过程中缩短查找知识点的时间。何种方法有效,则必须靠自己在学习实践过程中摸索。一是要有信心,即暗示自己"我能记住";二是苦练,下大功夫;三是要摸索适合自己的方法。

(1)记忆体操

每日坚持记忆练习。列夫·托尔斯泰有惊人的记忆力,他解释说自己每天早晨都要强记忆一些单词或其他内容的知识,并表示:"背诵是记忆力的体操。"

(2)朗读背诵记忆法

朗读背诵记忆法是通过多次朗读和背诵学习材料,结合听觉、口头表达和视觉,以提高记忆效果的方法。该方法包括阅读整体内容,朗读、重复朗读、背诵,并交替运用视觉和听觉,以创造一个专注的学习环境。

(3)覆盖关键部分记忆法

首先,浏览学习材料;其次,使用卡片或手指等方式覆盖住关键部分,努力回忆和理解被覆盖的内容;最后,验证自己的记忆准确性。通过这种方式,学习者能够加强对关键信息的记忆和理解。

(4)交谈记忆法

通过与他人进行对话或讨论的方式来加深对学习材料的记忆。通过交流,学习者能够通过口头表达将知识重新整理和传达,加深对学习内容的理解和记忆。

(5)谐音形象记忆法

谐音形象记忆法,是将有些知识按照其他同音汉字去理解,使原来无意义的音节变成有意义的词句,使之生动、有趣。

二、主播直播镜头感

(一)与镜头产生情绪

培养与镜头的情感联系,将镜头视为家人、朋友或爱人。例如,若你通常称呼观众为"亲爱的",将镜头想象成爱人;若你喜欢称呼为"宝宝们"或"朋友们",将其视为家人或朋友。通过将镜头与身边熟悉的人联系起来,降低心理压力,使对镜头的看法更自然,这有助于减轻紧张感,让表达更为自如。

(二)与镜头产生交流

在建立与镜头的情感联系后,我们要学会自然地进行交流。首先,将镜头想象成家人、朋友或爱人,以确保表达更为自然和亲切;其次,在镜头前的站位需注意,特别是脸部角度应适时调整,使直播呈现更为自然的效果;再次,项目二中提到的平视镜头原则仍然适用,避免仰视或俯视,以便建立与观众的平等关系;最后,通过不断地对着镜头练习,熟悉镜头。

(三)练习眼神的定力

1. 直视镜头的必要性

首先,直视镜头能够传递出100%的交流感和能量场,使观众更直接地感受到主播的情感表达;其次,这种直视方式能够为观众提供更好的代入感,增强互动体验;再次,相比其他角度,直视有助于保持更强烈的情绪表达;最后,对于真人出镜的情况,克服镜头恐惧感是必要的,而直视镜头是逐渐建立自信、降低焦虑感的有效方式。如图3—10所示,主播在直播始终直视镜头。

2. 练习眼神定力的方法

以下三个阶段的渐进训练有助于帮助新手主播练习眼神定力,在直播中更自如地与观众交流。

(1)镜子练习

镜子练习法是一种提高镜头表现自然度的有效方式。每天在洗漱后,面对镜子,向自己的眼睛讲述今天的计划,有助于逐渐适应对镜头的表达。图3—11中主播在对镜练习。

(2)视频交流

可以尝试与家人进行视频交流,注意在对家人说话时仍然专注于镜头,而非自己。通过询问家人的感受,减少看自己的倾向。

(3)短视频训练

短视频训练法对于主播而言具有重要意义。作为主播,无论是主动还是被动,拍

图 3-10　主播直播时直视镜头

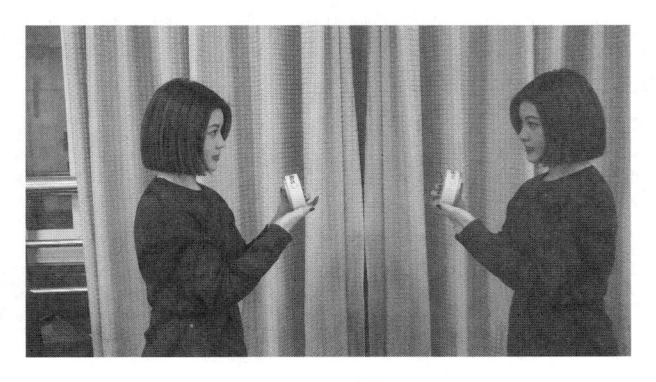

图 3-11　对镜练习

摄短视频都是必备技能。在短视频训练过程中,使用单反或手机无关紧要,关键在于保持对镜头的专注。成功的短视频训练可以弥补直播的表现不佳,甚至可能使某个视频爆红,成为短视频领域的达人。通过拍摄短视频,主播可以获得多重收益,包括直播带货、广告费、短视频推广费以及星图等。掌握这一技能不仅能提高直播带货的收益,还有望在多个领域取得成功,成为未来的 VLOG 大 V。这种全方位的训练有助于主播在多个平台上更为灵活地切换,拓展自己的影响力。

三、主播面肢表现力

(一)面肢表现力的概念与核心

表现力指完成某项具体的工作过程中所显示自身潜在能力特点的凸显和流露。首先,主播的表现力体现在语言、表情和动作三个方面,语言要丰富、代入感强,清晰地描述产品特点,并让观众理解购买的理由。表情要贴合不同场景,展现出真实的情感,使观众更有共鸣。适当的肢体动作能展现主播个人魅力,创造有趣的形象。总之,表现力关键体现在强有力的语言表达、真切的情感投入和灵活自然的肢体动作上。

其次,主播的把控能力也至关重要。在动辄几个小时的直播过程中,要能灵活调整卖货节奏、讲解时间,并把握直播间的氛围。对在线人数高低的把握决定了何时使用何种台词,使整场直播张弛有度。

最后,优秀的主播需要精心设计话术,从不同角度讲解产品,激发观众的购买欲望,最终实现商品利益最大化。

新人主播首先应确保在表达中自如自信,能够恰到好处地展现情感层次。随后,通过学习和运用面肢表现力,提升整体的主播表现力,使其在直播中更具吸引力和影响力。为提高面肢表现力,我们可以从手势、身姿、眼神和步伐四方面,做到这四点:手势要用好,身姿要挺拔,眼神要坚定,踱步要洒脱。见图3-12的总结,从而学会聪明地使用肢体语言,用身体来做演讲。

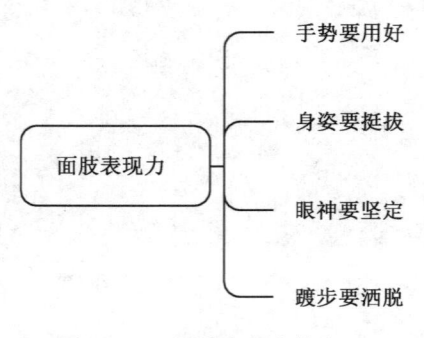

图3-12 面肢表现力核心

1. 手势要用好

在直播间或大场合演讲时,手势的运用应该大胆、大幅度,并保持专注。尤其在演讲舞台上,与观众间存在一定距离,小幅度的动作难以被观众察觉。因此,采用夸张一点的手势，能够更好地引起观众的关注。

然而，手势的使用要谨慎，避免分散观众对演讲内容的注意力。演讲的核心是讲述的内容，手势应当是内容的辅助，过多或凌乱的手势可能会让观众感到混乱，因此需要保持适度，确保手势与演讲内容相互协调。如图3—13所示，主播用手势结合讲解推销商品。

图3—13 恰当的手势

2. 身姿要挺拔

一个人身姿不端正站在众人面前，其实在开口说话之前，形象就已经失分不少。站立时，确保双腿与肩同宽，脊柱挺直，双肩微微向后收拢，头部仰起，目光平视前方。收紧腹部，挺起胸部，分配身体重量均匀，避免身体偏斜。如图3—14所示，好的身姿能为主播加分。

3. 眼神要坚定

主播眼神的表达对传播力至关重要。眼神练习，关键在于展现出坚定自信的神情，与观众建立信任感。在镜子前练习时，要确保睁大眼睛，而非过于瞪视。同时，内心需注入积极的意念，给予自己一个明确的目标，使眼神表达更为有力和自然。这样的训练能够增强主播的表现力，使观众更容易被吸引和信服。

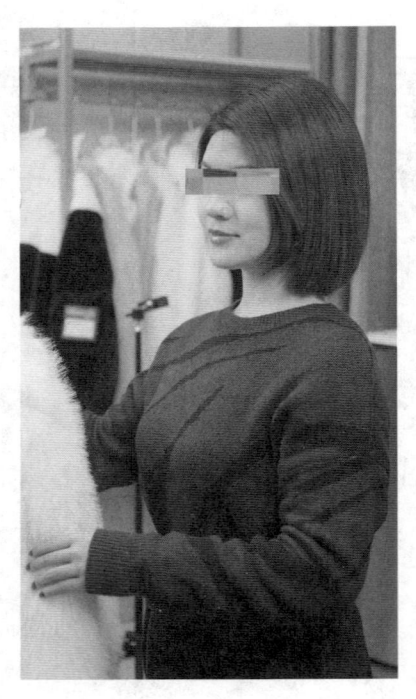

图3—14　身姿挺拔

4. 踱步要洒脱

在舞台上，找到适当的站位非常关键，最好避免过于频繁地来回移动。作为主播同样如此，需要划定一个核心区域，保持明确的位置。若需要踱步，则应根据产品介绍的需要进行。主播作为动态元素，吸引观众的注意力，而产品作为静态元素，观众的关注点会随着主播的移动而变化。若产品细节是关键，最好在核心区停留，让观众对产品有清晰认知。若产品的展示内容较为次要，对核心区的移动则不会产生太大影响。

除上述内容之外，还有一些需要注意规避的地方。

首先，避免刻意展示虚假笑容，尤其是那种过于商业场合的强迫性笑容，如部分机舱服务员或商店导购员的表演性欢迎。观众能够辨别出这种假笑，因此更推崇一种自然、轻松、真诚的微笑，让自己感到舒适和自信。不必强求在每个瞬间都展现笑容，而是在需要时以随性自信的微笑为佳。

其次，在与观众交流时，避免仰视或俯视。通过平等的视线传达与观众之间的平等关系，这是一种机位的表现。高机位给人仰视感，低机位给人俯视感，而平视则营造出平等相处的氛围。虽然在某些特殊情境下可以运用仰视，但在大多数情况下保持平视更为合适。

最后，减少不必要的微表情，如翻白眼、撇嘴、皱眉等。这些微表情可能会导致观众对主播的内容产生误解。有时主播自己都没有察觉到，可能只是个习惯动作，因此，尽量避免展现这些不良微的表情，以保持良好的沟通氛围。

（二）面肢表现力的作用

具备出色面肢表现力的主播通常能够创造出高转化率和观众停留时间的直播间。原因很简单，出色的面肢表现力使得直播间充满活力和感染力。想象一下，当你在浏览抖音时，突然进入一个氛围热烈、富有感染力的直播间，那么，你会有怎样的感觉呢？或许会愿意停留更长时间。就像近期风靡的"咖啡你冲不冲"一样，这种强烈的氛围感染力让观众愿意在直播间中停留。站在主播的角度来看，这就意味着更多的观众停留，而停留则可能转化为实际成交，提高了直播间的转化率，实现了主播的最终目标，创造更多的收益。因此，面肢表现力是极为重要的。

（三）提升面肢表现力的方法

新手主播在提升自己的面肢表现力时需要模仿学习。首先，模仿学习是一种快速有效的方式，通过观察和模仿成功的主播，新手可以迅速掌握表情、肢体语言等方面的技巧，缩短学习曲线；其次，模仿学习有助于建立自信心，通过模仿成功主播的表现，新手可以在学习过程中逐渐培养出自信的表达方式；最后，模仿学习也有助于了解观众的喜好和期望，从而更好地满足他们的需求，提高直播间的吸引力和互动性。

综合来看，模仿学习对于新手主播在面肢表现力的提升过程中具有积极的作用。如果你不会寻找自己适合的风格，那么，可对不同风格的主播进行观察，并试图将每种风格都模仿一遍，逐渐摸索，你便知道哪种最为适合。

四、主播个性感染力

根据注意力经济学可知，在信息过载的时代，争取观众的注意力至关重要。而具有独特个性的主播更容易在竞争激烈的直播平台上脱颖而出，吸引更多关注。个性感染力对于带货主播而言，不仅是与众不同的竞争优势，也是建立稳固粉丝基础和提升销售转化率的重要因素。

（一）寻找语言特色

1. 开款时候用排比

在进行直播时，突出产品的关键亮点并吸引观众的关注是至关重要的。聚焦亮点、直奔重点，给观众以直截了当的感觉，更容易引发他们的兴趣。通过清晰表达产品的优势，营造出"顺水推舟"的氛围，让观众愿意跟随主播的引导。这种直截了当的表达方式不仅为互动提供更多机会，也能够提升观众的购物冲动。

示例

姐妹们，咱们的衣橱里能够体现魅力的衣服有很多，能够穿着舒服的衣服有很多，能够突出气质的衣服也有很多。但是，能够穿着舒服又能满足这些要求的衣服真的不多。今天主播给宝宝们上了这款衣服，你一定要入手。

2. 产品介绍用比喻

在进行产品介绍时，采用比喻的手法能够为观众勾勒出更为生动、场景化的画面，从而激发观众内心深处的购买欲望。通过巧妙的比喻，我们可以将产品的特点与观众熟悉的场景相连接，使其更容易理解与感知。就像在一部电影中，每一个产品特色都是剧情的一部分，而观众则是被带入了这个引人入胜的故事中。这种生动的比喻不仅让观众更好地理解产品，同时也为他们创造了更加吸引人的购物体验。通过情景的描绘，观众更容易产生对产品的情感共鸣，从而增强购买的欲望。

示例

姐妹们，今天这款毛衣我给大家用的是今年大热的克莱因蓝的颜色，表面还给你们加了一点点扎染的工艺。我的天呐，有没有感觉就像真的星空披在了身上的感觉。姐妹们，秋冬季别人穿着黑白灰，这款毛衣你穿在身上，穿梭在人群中，你就是最吸引人目光的那个人。

3. 衔接互动用押韵

巧妙运用的押韵方式来衔接互动环节，不仅能使直播更加生动有趣，还有助于打破枯燥的氛围，为直播间注入更多活力，从而吸引更多观众参与。

示例

长江后浪推前浪，无名小卒来闯荡。天若有情天亦老，给个爱心好不好。多情自古空余恨，感谢各位来帮衬。山外青山楼外楼，我的粉丝你最牛。

4. 展示效果用夸张

运用夸张手法展示产品效果，将产品的卖点淋漓尽致地呈现给观众。通过夸张的表现形式，不仅能引起观众的兴趣，还能在一定程度上增添娱乐效果，使直播更加富有趣味性。适度夸张的手法有助于激发观众的好奇心和购买欲望，为产品创造更为引人注目的形象。

示例

太好看了吧，上嘴秒变女明星，真的。女明星拍杂志上嘴都用它。花园女主人，我的天呐，朋友们，太棒了。

如图 3—15 所示是表达力模板，结合你自己的直播间，将其融入你的话术中。通常有几个常见的情境，我们可以运用排比和比喻的手法，使得我们的观众更愿意点赞、关注、刷新购物车,以及加入粉丝团。在设计这些话术时,尽量考虑使用押韵,让语言更加生动、有趣。通过这样的表达方式,能够更有效地吸引观众,促使他们积极参与,从而提升直播间的互动效果。大家灵活运用这些元素,能够打造更具个性和吸引力的直播间。

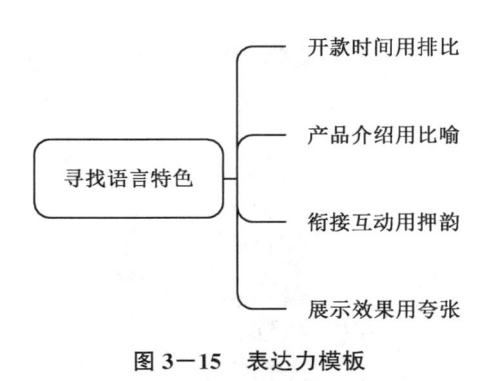

寻找语言特色
- 开款时间用排比
- 产品介绍用比喻
- 衔接互动用押韵
- 展示效果用夸张

图3—15 表达力模板

(二)寻找合适的风格

个体的表现力、运营思维程度、对产品的了解程度以及现有资源的不同,共同塑造了每个人独特的适应性。在选择适合自己的直播风格时,初期可以进行模仿,尝试不同的风格,最后便可找到最适合自己的风格。

一般来讲,主播风格包括剧本脚本型、专业讲解型、嘶吼开价型、优惠导向型、沉浸式体验型等,见图3—16。选择符合自己喜好和舒适度的风格,用自己的语言特色和适合风格进行表达,能够更好地吸引观众。

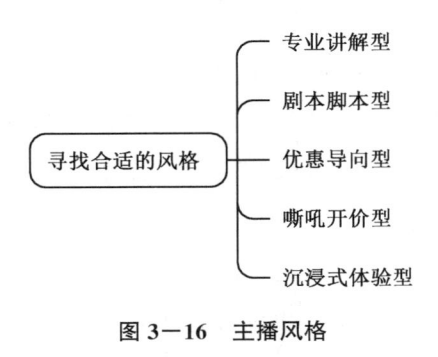

寻找合适的风格
- 专业讲解型
- 剧本脚本型
- 优惠导向型
- 嘶吼开价型
- 沉浸式体验型

图3—16 主播风格

1. 专业讲解型

专业讲解型主播往往对产品有着深入的理解,善于结合各种场景、观众需求和产品卖点,以清晰的语言为用户推荐产品。在直播中,观众不仅能够清楚地听到产品的介绍,甚至还能够从中学到一些有价值的知识。这种专业的讲解型风格不仅能够满足观众的购物需求,还能够提供额外的学习体验。如图3—17所示,专业讲解型主播在工作。

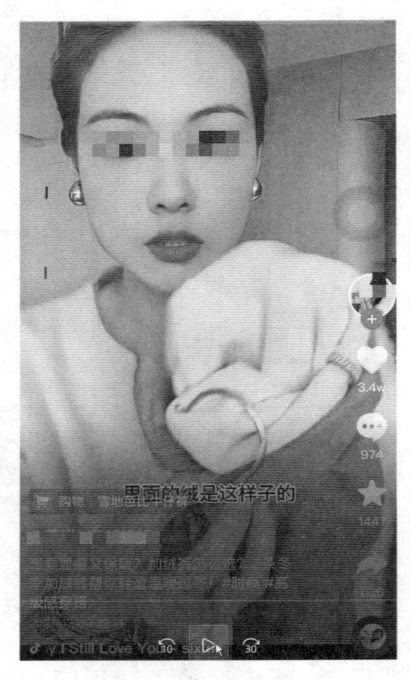

图3—17　专业讲解型主播

2. 剧本脚本型

剧本脚本型直播的特点是在直播或短视频中采用精心设计的剧本,通过讲述故事、演绎角色、模拟情境,以吸引观众的注意力并传达产品信息。值得注意的是,剧本脚本型在抖音上得到了相当的推荐,因为平台能够更好地匹配用户的兴趣,提供更精准的流量。

这样的直播间吸引人之处在于,它不仅仅是在介绍产品,更是通过独特的话术和场景,创造出一种强烈的代入感。进入直播间的观众可能因为好奇心而留下,最终产生购买欲望。如图3—18所示,剧本脚本主播在工作。

3. 优惠导向型

优惠导向型主播主要通过大量的优惠、福利和特殊机制来吸引观众进行下单。想象一下,当你在一个直播间看到一面墙都是纸巾,你是否会被吸引点击进去呢?由于纸巾是刚需消耗品,因此这种优惠导向型风格还是很有市场的。如图3—19所示,优惠导向型主播在工作。

图 3—18 剧本脚本型主播

图 3—19 优惠导向型主播

4. 嘶吼开价型

这类直播间通常呈现出一种高张力、嘶吼开价的氛围，引发了一时的现象级关注。然而这样的风格或许只是一个短暂的现象，而其是否能持续主要取决于主播个人的选择。如果你的目标是迅速获利并离开直播行业，或许可以考虑采用这种制造矛盾冲突、制造高张力氛围的手法，吸引观众并促成交易。然而，若你的目标是长期发展，并不建议采用这种方式。首先，这种风格对主播的嗓子非常消耗，长时间的嘶吼会对身体造成不适。其次，采用这种戏剧性强烈的方式吸引的观众通常并不天真，他们对于直播行业有一定的了解，第一次的冲动消费并不代表他们会成为长期的忠实观众。最后，我们需要思考的是，第二次会不会再来，是否会出现退费、客户投诉等问题。图 3—20 所示是一个嘶吼开价型主播。

图 3—20　嘶吼开价型主播

5. 沉浸式体验型

沉浸式体验型主播通常以展示旅游景区、度假村或商业场所为主。如可以带观众参观 4S 汽车店，展示各车型，吸引自然流量，提升店铺营业收入。这种风格在抖音是个蓬勃发展的赛道,尤其适用于本地生活场景,如本地商家的探店直播。但要注意,一定要全面展示所有卖点的场景,如亚特兰蒂斯要展示游乐园、水上项目等,以吸引观众亲临或下单。在沉浸式体验中,充分展示各方面对引导观众产生兴趣和行动至关重要。如图 3—21 所示,沉浸式体验型主播在工作。

图 3—21　沉浸式体验型主播

项目四　解放天性

项目任务操练：情景塑造激发主播直播情绪

作为刚刚上岗的新主播，很快数据的压力和上级领导的压力就会让我们新主播在整个直播过程中情绪提不起来。就短短的1周的直播时间，我们的新主播可能会遇到各种问题，不管是粉丝在直播间刁难辱骂，还是4个小时的直播无人观看，以及上级领导对我们新主播销售业绩的考核，都给大家无形中增加了很多压力。如何释放压力，激发直播情绪呢？

项目任务书

项目四任务书的内容见表4—1。

表4—1　　　　　　　　　　项目四任务书

理论学时	2课时	实操学时	4课时
知识目标	(1)如何调整直播心态 (2)如何克服恐惧镜头的心理 (3)如何释放来自销售的压力		
技能目标	(1)克服恐惧镜头的技巧 (2)直播间面对各种观众问题的处理技巧 (3)排解销售压力的方式方法		
素养目标	(1)控制情绪，面对任何直播场景以饱满的状态完成直播 (2)调整压力，不因直播数据影响直播状态		
项目任务书描述	"直播间4个小时没人看""直播间黑粉辱骂""直播业绩没完成，领导会议上大发雷霆"。从以上3个主题，任选1个场景，以小组的形式，完成一场舞台情景剧的演绎		
学习方法	(1)动手实践 (2)对标账号学习		

续表

理论学时	2课时	实操学时	4课时
所涉及的专业知识	(1)克服镜头恐惧感 (2)情绪控制 (3)压力释放		
本任务与其他任务的关系	本任务为第1个主播职业素养提升的任务,重点要让主播掌握控制情绪、释放压力的技巧。任何新主播,刚刚上岗都是各种状态百出。克服情绪、持续保持状态,就是本次任务的目标重点		
学习材料与工具	对标直播间1间		
学习组织方式	全部流程以小组为单位组织,完成整个作业的所有内容		

项目指导书

完成本项目全部任务的基本路径见图4—1。

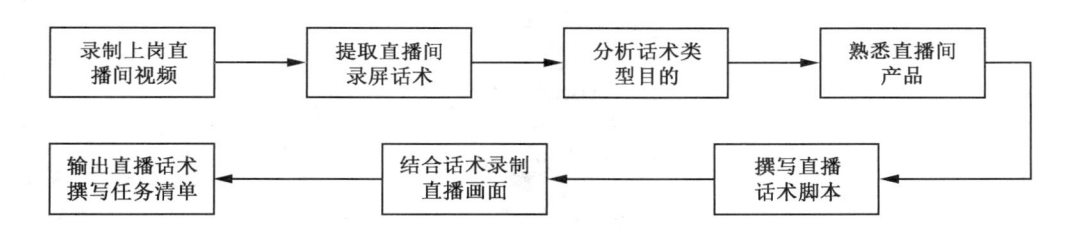

图4—1 完成任务的基本路径

第一步:场景剧本撰写。

(1)构思主题。从项目四任务书中选择一个题目,然后再根据题目确定主题。例如,"直播过程中没有流量"。根据这个题目,我们可以策划"无人直播的苦与乐""镜头外的我是什么样的""直播间播哭了"等。

(2)构思故事。确定主题后,我们就要构思故事了。在构思故事的时候,我们就要确定时间、空间、人物。时间可以是直播中、下播后、会议中等,空间可以是会议室、直播间、化妆间,人物可以有主播、助播、助理、老板、客户、路人等。

(3)丰富素材。丰富素材这一步就是填充故事细节,丰富故事内容。如同样是没有人的直播间场景,电脑上有没有一些特殊符号、主播的话术中有没有一些热点网络词汇等。通过丰富素材这一步,提升整个故事的枝蔓脉络。

(4)撰写故事。故事剧本可用表4—2所示格式撰写。

表4—2   故事剧本

主题	
时间	
空间	
人物	
剧本	张三：＊＊＊＊＊＊＊＊＊ 李四：＊＊＊＊＊＊＊＊＊ 王五：＊＊＊＊＊＊＊＊＊ 赵六：＊＊＊＊＊＊＊＊

注：点明主题，撰写每个演员的台词，同时做好场景、道具的设置。

第二步：排练上台。

剧本写完之后，首先，确定排练时间和进度，因为一场舞台剧，需要包含很多故事情节和人物台词，我们需要指定一个时间进度表，每次排练结束后要达到什么样的水准，并针对每次排练结束后进行问题总结归纳，提出下次排练重点。排练情况可记录在表4—3上。

表4—3   排练情况记录

次数	时间	标准
时间第一次		
第二次		
第三次		
排练问题记录		

接着，准备场景道具，因为本次人物的舞台演示最后会在多媒体教室，道具都需要学生自己准备，所以每位学生都要提前思考清楚每个道具如何获得如何使用。

最后，就上台表演，按照抽签顺序依次完成上台演出。

项目任务评价标准及评分表

表4—4为本项目任务评价标准及评分表。

表 4—4　　　　　　　　　　　项目任务评价标准及评分表

项目任务	评分标准	分值	得分
故事剧本撰写	掌握剧本编写基本技巧，有空间、时间、人物、道具的基本内容	10	
	理解剧本表达主题，突出观点，情节连贯	10	
	剧本故事情节中应用主播岗位特点，有相关经典台词或动作	10	
	丰富剧本内容的道具素材，增加剧本记忆点	10	
	结合课程要求，掌握剧本节奏控制能力，在 5 分钟内完成高质量的主题输出	5	
剧本排练	严格执行排练计划，每次排练记录表有完整记录	10	
	排练实施次数不低于 2 次，保证上台效果	5	
	按照角色人员分工，小组所有成员都有明确事件标准	10	
上台表演	上台前，完成设备、道具、场景的布置和检查记录表	10	
	舞台内容表演完整，角色台词熟悉，无忘词忘片段重大事故	10	
	表演过程中，除基础台词外，还有服装、化妆、道具和音乐视频配合	10	

知识准备

一、第一次直播如何调整心态

心态，决定你是否开始变好。在直播中，主播心态比状态更重要，心态是一名优秀主播成功的重要因素之一。第一次直播对于新人主播来说是一个很大的考验，直播间所有变化的数据，都在影响着主播的心态。新人主播往往会有一个从不熟悉到熟悉的过程，这个过程是主播成长很重要的经历。心态、状态在其中起到了很大的作用，极大地影响主播的信心，因此对于新人主播一定要关注心态和状态的成长，保持良好的心态，学会积极面对挑战和困难。新主播前期该如何保持好心态？图 4—2 所示，就是这个问题的答案。

降低期待　　善于学习　　耐心坚持

图 4—2　保持好心态

（一）降低期待

新主播要提升自己的松弛感，不要过分在意观众因素，从而带来情绪波动。前期流量低，可能会有留不住人的情况，保持平常心，没有什么是一蹴而就的，流量和粉丝都需要慢慢积累的。设定合理目标，不断进步，不断积攒成就感。

（二）善于学习

直播并不是单纯的熬时长，是一个需要不断学习和进步的过程。不学习就很容易停滞不前，出现"瓶颈"的时候就很难坚持下去，因此需不断做内容提升，关注直播中的反馈、加强互动，维护与粉丝的关系。

（三）耐心坚持

1. 坚定信心

相信自己能把直播做好！

2. 固定时间

给自己定好每天开播的时间和时长，这个是你与粉丝建立联系的约定和前提。

3. 下播复盘

直播结束，要把今天表现好的地方，以及需要改进的地方记录下来，督促自己一点点进步。

二、如何面对镜头

主播直播时要面对各种各样的镜头，如图4-3所示是部分镜头设备。

图4-3　镜头设备

(一)克服上播恐惧症,新手主播的第一关

主播可能因为第一次面对镜头过度紧张,尴尬得不知道眼睛看哪里,身体变得僵硬,声音也变得不自然,大脑空白,不知道说什么,原本准备好的话术也不能流畅地表达,导致整个过程可能很混乱。不敢面对镜头,其实就是镜头焦虑。克服镜头焦虑需要做到:找到自我、正确的心理暗示。

1. 找到自我

世界上的每一个人都是独一无二的存在。主播的容貌有高有低。一个合理的妆容、得体的服装、自信的态度,才是一个主播是否受观众喜爱的关键。接受真实的自己、认可自己、学会发现自己的闪光点,通过镜头放大自己的闪光点,你会发现自己魅力无限。

2. 正确的心理暗示

心理学有一个概念叫做"皮格马利翁效应",又被称为"自证预言"。如把这句话:"我是更美的,我是更漂亮的!我是最优秀的!"每天念1 000遍,那么就能有逐渐利用心理暗示来改变自己,让自己趋向完美。

(二)培养镜头感

主播要经常面对镜头,因此镜头感显得非常重要。镜头感主要来源于主播的表情是否生动、自然;眼神是否能够感受到镜头位置;和观众产生互动;展示的时候一些肢体语言;等等。

1. 镜头练习

可以采用镜子加上自拍的方式来练习镜头感。找到一面比较大的镜子,通过镜子来清楚地观察自己的脸,找到最合适的表情和角度,然后对着镜头练习举手投足,讲话表达。需要知道自己面对镜头是什么样子,平时应注意的一些小细节,有没有摸下巴、撩头发等。足够了解自己的优缺点,这样面对镜头就会更加自信和从容。

2. 目光技巧练习

当看摄像头直播的时候,实际上是面对你的粉丝说一些事情和表达一些事情。当看手机屏幕的时候,是在看整个直播间,是什么样的一个状态、产品细节有没有展现到位,这两种是可以交替进行的。

3. 巧用道具

新主播直播时,一开始有些紧张、不自然,两只手也不知道放在哪里,这时候可以借一些道具,如书、饮料、抱枕、产品、一些小公仔等。一方面,缓解你的紧张;另一方面,说不定以后就成为直播间的一个记忆点。

4. 观众互动

无论直播间有多少人,都不要忘记跟直播间的观众进行互动。每个观众都是流量种子,互动不仅能转移注意力,也能更好地自然表达。

5. 模拟直播

打开手机录下全部直播的场景和内容,自己反复看,做自己的观众,做自己的老师。自我检查,会有明显进步,更容易适应和驾驭镜头。

示例

小李是一名就读于某大学电子商务专业的大二学生,由于对数字营销和电子商务很感兴趣,于是,她报名参加了学校的电商直播基地的直播带货项目。小李从小就胆小,对镜头存在恐惧心理,但为了提升自己的能力,她勇敢地接受了挑战。

项目导师为小李安排了一系列的培训课程,包括主播职业素养、直播技巧、镜头感培训、产品知识、客户关系管理等。在导师的耐心指导下,小李逐渐克服了恐惧心理,并开始为首播项目准备。

(1)精心选品。小李首先与导师一起挑选适合直播销售的产品,确保产品质量可靠、价格合理。他们选择了某知名品牌的护肤品作为首次直播的带货产品。

(2)制定策略。根据导师的建议,小李制订了详细的直播计划,包括直播时间、互动环节、优惠活动等。她还设计了一些互动游戏,以吸引观众的注意力。

(3)克服恐惧。虽然小李已经克服了上播恐惧症,但在直播过程中,她仍然出现了一些紧张和口误。为了缓解紧张情绪,小李学会了做深呼吸和调整语速。她还准备了笔记本和小抄,以便随时查看产品信息和互动环节。

(4)优化互动。在直播过程中,小李积极与观众互动,回答问题,分享使用心得。她还鼓励观众参与互动游戏,增加直播的趣味性。通过优化互动环节,小李成功吸引了大量观众关注并提高了转化率。

通过小李不断的努力和导师的指导,她的一周后直播取得了巨大成功。直播间吸引了数千名观众,销售额突破了万元大关。更令人惊喜的是,小李的直播还得到了校内外媒体的关注和报道。

三、不会开口怎么办

不会开口怎么办?我们总结了四种方法,使大家更容易开口,如图4—4所示。

(一)丢掉顾虑,大胆说

在直播过程中很多主播害怕说错话,害怕别人不认同自己,从而不敢说话,导致直播间冷场。要想让自己在直播间里多说话首先就要丢掉这些顾虑。对于粉丝和观众的言论要积极回应,主动引导话题,不要怕说错。

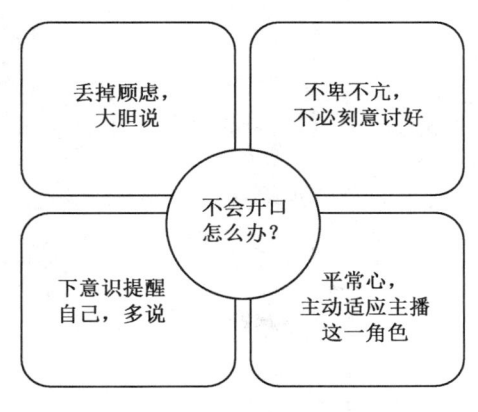

图 4—4 克服不敢开口的办法

（二）不卑不亢，不必刻意讨好

直播间就是一个小社会，来到直播间的可能什么人都有，不用因为他们的为难而手忙脚乱。记住，你是主播，你的直播间你主宰怎么播！不用勉强自己表现得"过于外向"。

（三）下意识提醒自己，多说

新人主播需要快速适应直播环境，最好的办法就是逼迫自己多说话，每隔 5～10 秒就开始"侃侃而谈"，提前准备好当天直播想要跟大家讨论的话题，可以先从回答问题开始，关注观众弹幕，总有可以让你张开口的合适话题。

（四）平常心，主动适应主播这一角色

慢慢习惯做主播之后，潜移默化地改变自己，让自己更适应直播间的节奏和氛围。抱着交朋友的平常心，不谄媚、不排斥，对所有进入直播间的粉丝一视同仁。

不一定外向的主播才受欢迎，不一定能说会道才能征服粉丝的心。化内向为优势，用真诚打动用户，打造出专属自己特色的直播间。

四、首次开播没流量没成交怎么办

首次开播，没有流量是每个主播会经历的事情，主播可以如图 4—5 所示，用这几种方法克服负面情绪，勇敢接受挑战。

（一）克服负面情绪，勇于从零开始

即使尽了最大的努力，主播也可能会遇到失败、挫折和负面情绪。此时，主播应该学会克服这些负面情绪，以积极的态度面对挑战，并从中学习和成长。因为使自己成长，是生命中最快乐的事情，但所有的成长都来自伤痛、焦虑、困难和失败，我们必须直面负面情绪，勇于从零开始。

1	2	3	4	5
克服负面情绪,勇于从零开始	提高自我认知,设定合理的目标	坚持练习和学习	建立支持网络	保持乐观心态

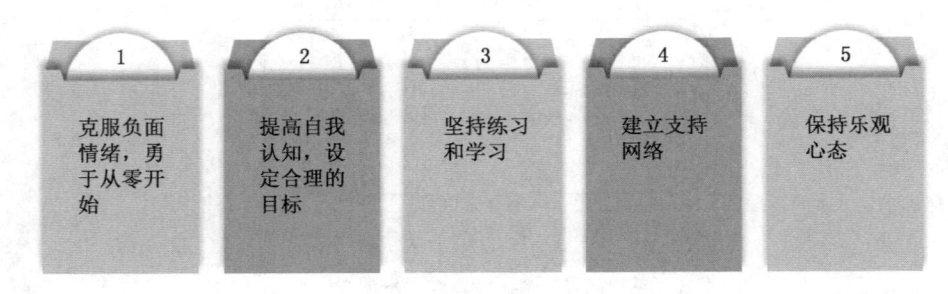

图4—5　解决没有流量的方法

(二)提高自我认知,设定合理的目标

主播需要设定合理的目标,避免过高或者过低的期望,减少自我压力和焦虑。拆解目标,量化目标,分阶段完成目标。

(三)坚持练习和学习

不积跬步,无以至千里,练习和学习是获得成功的关键。主播需要坚持练习和学习,不断完善自己的直播技能和情绪管理能力,提高直播质量和观众体验,才能从量变到质变。

(四)建立支持网络

构建一个自己的社会支持网络,能帮助我们有效地克服负面情绪。直播间主播可以和其他主播或者自己的团队成员建立良好的支持网络,互相交流经验、分享感受,帮助彼此共同进步、共同成长。

(五)保持乐观心态

主播需要保持乐观心态,相信自己的能力和潜力,坚信一切都会好起来。乐观心态能够激发主播的创造力和创新精神,提高直播质量并使直播更具吸引力。

第二阶段　胜任成长期 4—6 月

学习目标

　　说服是营销过程中一直都是重要而又关键的步骤。根据 ELM 精细加工可能性模型,消费者在选择商品时,受到理性与感性思维的影响;在消费者具有强烈购买欲望时,选择商品受到理性影响,会对商品进行深度分析,仔细评估;在消费者购买意愿不强时,不愿意耗费更多的经历对信息加以分析,更容易被表观的特征(如说客的可信度与专业程度)左右。所以营销人员话术的表达有时会起到至关重要的作用。直播带货也是如此,如何表达产品的价值、如何营造良好的直播氛围,都离不开直播者的话术。直播者的表达在直播的不同阶段会起到不同的作用。在本阶段,主播需要对话术技能有一个更高水平的掌控。

　　我们需要站在观众的角度,以数据的思维去理解学习话术。如拉新需要实现一定的转粉率,互动需要创造更多的评论互动数量,促单需要达到更多的成交量。我们掌握话术技巧,不仅仅是为了表达得生动,根本目的是实现更好的直播数据。

　　通过本阶段的学习,需要更深层次的理解产品,观众和平台在直播中扮演的角色及发挥的作用。通过锤炼思维、理解话术逻辑、掌握应用技巧,动之以情,晓之以理,成功说服在直播中面对的观众。

项目五　主播流量承接

项目任务操练：设计女装类直播间流量承接话术

随着直播经验的不断丰富，新主播们对镜头感、直播节奏以及产品话术越来越熟悉，同时也遇到了很大的困境。不论自己如何更好地去表现自己和塑造产品价值，直播间的观众就是不买单。对此，直播运营总监要求所有主播结合本月大促政策和货盘，对整个直播环节进行拆解，逐步优化每个环节内容。

项目任务书

项目五任务书的内容见表 5-1。

表 5-1　　　　　　　　　　项目五任务书

理论学时	2 课时	实操学时	4 课时
知识目标	(1)熟悉主播直播过程中要达到的数据指标 (2)了解影响每个数据指标的直播行为 (3)掌握各个环节的直播目的		
技能目标	(1)学会拉新、互动、停留话术，完成直播间基础流量数据 (2)掌握产品价值塑造能力，提升产品价值感 (3)了解用户购买心理，提升消费者下单冲动		
素养目标	(1)培养主播多维度数据思维 (2)养成反向思考能力，从商家、平台、用户三者角度共同出发，设计直播内容		
项目任务书描述	(1)完成拉新、互动、停留的直播话术设计 (2)完成产品价值塑造的话术及演示环节设计 (3)完成促单环节的话术设计及中控配合设计		
学习方法	(1)动手实践 (2)对标账号学习		

续表

理论学时	2课时	实操学时	4课时
所涉及的专业知识	(1)拉新话术 (2)互动话术 (3)停留话术 (4)塑品话术 (5)促单话术 (6)直播数据思维		
本任务与其他任务的关系	本任务作为课程的第五个任务,主要锻炼主播如何在已有的货盘政策上熟悉直播规则和商家需求,合理设计直播内容,并满足多角色需求		
学习材料与工具	女装直播间货盘一套		
学习组织方式	全部流程以个人为单位组织,完成整个作业的所有内容		

项目指导书

完成本项目任务的基本路径见图 5—1。

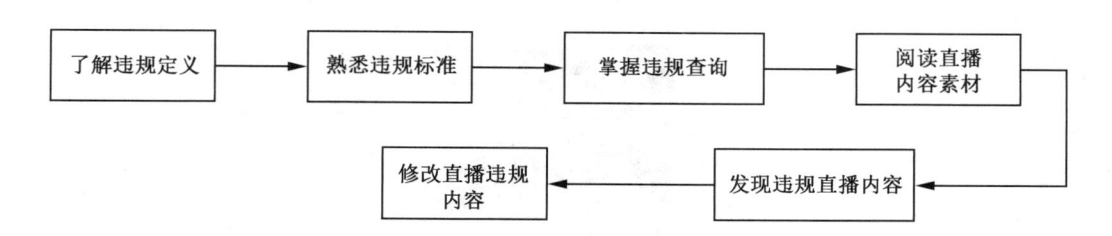

图 5—1　完成任务的基本路径

第一步:认知货盘和营销。

图 5—2 是两套货盘界面。根据所提供的两套货盘,我们可以清楚地发现,同样是女装直播间,不同的直播类型,所匹配的货盘是不同的。有些货盘中中腰部产品销售额可以占到 70% 以上,有些货品就只有头部的两款产品占据 80% 的销售额。

从客单价看,女装高低客单都有。从卖点看,有卖材料的,有卖品牌的。所以,去抓取直播间货品、产品的卖点,也是重中之重。

第二步:设定直播环节。

图 5—3 是直播间流量层次结构图。通过直播间流量层次结构可以看到,直播间主要分四个环节:直播间曝光、直播间观看、直播间商品曝光、直播间商品销量。

直播话术又分拉新话术、停留话术、互动话术、促单话术四个步骤。

拉新、停留、互动都属于直播间的基础话术,目的是提升直播间的观看人数和互动人数。所以针对开场中如何利用现有产品、政策、时间去做观众流程和互动就是我

商品标题	直播成交价	直播销量	直播销售额	讲解时长(次数)	商品卖点	好评率
刘——COCOZONE东方美学冬季国风立领时尚单排扣外套23C30750	¥699.00	1万-2.5万	500万-750万	30分22秒(2次)	--	--
刘——COCOZONE暖绒打底秋冬半高领修身显瘦打底衫23C19961	¥199.00	7500-1万	100万-250万	20分15秒(1次)	--	98.77 %
刘——COCOZONE贝莱尔大衣冬季撞色羊毛大衣连帽外套23C30674	¥999.00	5000-7500	500万-750万	--	"贝莱尔大衣"	--
刘——COCOZONE冬季加绒牛仔裤修身显瘦保暖直筒裤23C50092	¥320.00	2500-5000	100万-250万	--	--	--
刘——COCOZONE补丁打底高领休闲百搭通勤长袖打底23C19978	¥199.00	2500-5000	75万-100万	20分23秒(1次)	--	--
刘——COCOZONE人手一条奶油裤薄绒牛仔裤小脚直筒裤23C19902	¥390.00	2500-5000	100万-250万	--	--	97.06 %
刘——COCOZONE加厚加绒瑜伽芭比裤弹力打底鲨鱼裤23C30381	¥190.00	2500-5000	75万-100万	40分41秒(1次)	"加厚加绒"	97.64 %
刘——COCOZONE重推系列小众撞色明线装饰长袖针织衫23C50106	¥599.00	2500-5000	100万-250万	20分16秒(3次)	"重推系列"——推荐杏色	--
刘——COCOZONE覆盆子红毛衣秋冬半拉链高领针织上衣23C30216	¥499.00	2500-5000	100万-250万	10分10秒(1次)	"覆盆子红毛衣"	97.06 %
刘——COCOZONE高奢系列秋冬加绒里松紧腰保暖休闲裤23C19858	¥399.00	2500-5000	100万-250万	--	"高奢系列"加厚绒——推荐黑色	100.00 %
刘——COCOZONE费尔岛高端系列复古撞色条纹针织衫23C30700	¥899.00	1000-2500	100万-250万	20分29秒(1次)	--	--

商品标题	直播成交价	直播销量	直播销售额	讲解时长(次数)	商品卖点
张柏芝同款高梵黑金先锋30六格防风防寒高端热力感鹅绒羽绒服	¥1838.00	2500-5000	500万-750万	14小时 8分 24秒(4次)	已开价！张柏芝同款！男女同款
王星越同款高梵黑金先锋30八格防风防寒保暖热力感鹅绒羽绒服	¥2276.00	500-750	100万-250万	--	已开价！八格亮面长款！男女同款
王星越同款机能30八格防风防寒冬季高端保暖长款热力感羽绒服C	¥2276.00	100-250	25万-50万	--	八格哑面长款！男款大码这里拍！
高梵黑金鹅绒服女王30八格雪山飞狐毛领防风防寒长款羽绒服C	¥3699.00	100-250	25万-50万	3小时 2分 52秒(4次)	高定款！哑光毛领款！女神款8格
白冰同款高梵黑珍珠30六格新款防风防寒长款高端鹅绒羽绒服	¥3426.00	50-100	10万-25万	--	【白冰同款】过膝长款！男女同款
高梵黑金鹅绒服机能30六格防风防寒高端保暖长款热力感羽绒服	¥1838.00	0-50	5万-7.5万	--	断码！已开价！中长款哑光六格！
高梵黑金鹅绒服女王系列30小六格防风防寒高端短款鹅绒羽绒服	¥1609.00	0-50	5万-7.5万	--	--
王星越同款高梵黑金机能30七格防风防寒加厚长款鹅绒羽绒服	¥2068.00	0-50	5万-7.5万	--	【王星越同款】女款140斤内拍
高梵黑金鹅绒服黑珍珠30六格防风防寒外套长款热力感羽绒服	¥3103.00	0-50	10万-25万	--	【痞幼同款】中长款！男女同款
高梵黑金鹅绒服女王30八格防风防寒女长款收腰热力感羽绒服	¥2068.00	0-50	5万-7.5万	--	--
田田小阿姨同款高梵黑珍珠30八格防风防寒长款女款鹅绒羽绒服	¥2758.00	0-50	7.5万-10万	--	【田田小阿姨同款】卡码拍小！

图 5—2　货盘界面示例

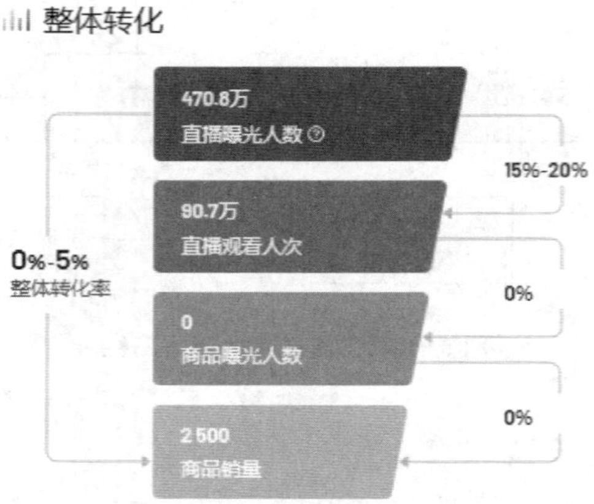

图 5—3　直播间流量层次结构

们需要解决的。

促单话术属于成交话术，一般用于最后开价放单环节。如何去引导观众购买的冲动感就是促单话术研究的目的。

第三步：撰写开场的拉新、互动、停留话术。

我们可以将开场的拉新话术、停留话术、互动话术记录在表 5—2 中。

表5—2　　　　　　　　　　开场拉新、停留、互动话术

话术类型	话术文案	话术痒点
开场拉新话术		
开场停留话术		
开场互动话术		

注：话术逐字稿是直播中具体讲解的文案，话题痒点是打动用户停留、互动、关注的核心点。

拉新，主要目的是提升直播间的粉丝，沉淀新用户，为后期的支付变现或者再消费做储备池。

停留，主要目的是可以让用户多了解一下我们的直播内容，同时停留越长，在线人数就会越高，直播间的氛围就会越浓厚。

互动，主要目的是协助停留，制造直播间氛围，同时也可以根据评论内容深度了解用户。

拉新的动作是引导用户关注和加粉丝团；停留的动作是希望用户多待一会儿；互动包括评论、点赞、分享三种行为。这三种行为相辅相成，既同时需要，又要根据实时情况进行适当调整。

此外，拉新、停留、互动这三种数据是平台判断主播直播间内容是否好，是否值得推流的评价标准之一。

第四步：撰写产品价值塑造话术及演示。

产品价值塑造包括两个方面：一方面是话术塑造，通过文字内容描述去表现产品价值；另一方面是产品演示塑造，通过特写镜头或者现场产品测试，直接在镜头面前展示产品细节，从而获得消费者认可。表5—3可以记录产品价值塑造及演示。

表 5—3　　　　　　　　　　　　产品价值塑造及演示

产品卖点	直播话术	产品演示
版型		
材质		
痛点		
需求场景		
颜色尺码		

注：塑品话术的产品从所提供的产品货盘表中选择合适的产品。货盘详情信息获取路径：抖音→抖音商城→搜索"刘——"或者"高梵羽绒服"，进入店铺查看店铺详情。

不论用哪种方式塑造产品，整个产品价值塑造基本流程为：抛出痛点、引出产品、解决问题、产品基本卖点、产品使用场景、产品核心价值总结、福利提出，最后就是开价销售。产品价值塑造最大的核心技能就是要掌握了解观众痛点、解决观众痛点。不然你再多的特色，再多的卖点，打不到观众心智中，也无法满足用户需求。

第五步：塑品话术增加拉新、互动、停留。

拉新、互动、停留除了在我们开场话术中可以用到之外，在整个塑品甚至最后的促单过程中都应该相互交叉使用。因为基础数据是需要实时去做的，所以我们同样也需要按照开场话术，在塑品的过程中既提升产品价值，又可以增加拉新、互动、停留环节。拉新、互动、停留的话术我们可以记录在表 5—4 中，随时调用。

表 5—4　　　　　　　　　　　塑品话术增加拉新、互动、停留

产品	话术文案	话术目标	用户痒点

第六步：促单话术撰写。

促单，本质上就是制造观众的购买欲望，促使观众尽快下单。促单往往都是在销售的最后一个环节。这个时候观众已经经过前期的铺垫，产生了购买兴趣，但是因为某种原因一直在犹豫中，这个时候我们就需要一针"强心剂"，可以是借用从众消费心理，制造很多人都已经下单，也可以是利用关心亲人的心理，用利益促进真实"消费者"下单。促单话术可以写入表 5—5。

表 5—5　　　　　　　　　　　　促单话术撰写

话术文案	话术目标

项目任务评价标准及评分表

表 5—6 为本项目任务评价标准及评分表。

表 5—6　　　　　　　　　　　项目任务评价标准及评分表

项目任务	评分标准	分值	得分
开场拉新、停留、互动话术	开场的拉新话术中包含直播内容点题	5	
	掌握停留话术和互动话术中用户痒点植入	5	
	整个拉新、停留、互动话术简洁、高效，无重复的语言，字数控制在 120～150 字	10	
产品价值塑造及演示	通过行业专业名词描述产品，提升产品价值	10	
	掌握利用产品演示和镜头特写完成产品价值塑造	10	
	有不低于 2 处是应用产品演示的方式突出产品价值	10	

续表

项目任务	评分标准	分值	得分
塑品话术增加拉新、互动、停留	掌握借用产品相关信息做直播间互动	10	
	应用产品本身特点或现场发挥，做观众拉新和停留	10	
	塑品话术中结合实时场景，保证开展拉新、互动、停留行为不低于3处	10	
促单话术	促单话术简洁、高效，字数控制在150～200之间	10	
	促单话术中有高效解决用户痛点的话术描述	10	

知识准备

一、拉新话术

（一）拉新话术的概念和目的

"胜任成长期"的主播拉新话术应该更上一层楼。此处掌握的拉新话术应以结果为导向，以数据为目标。在直播中，拉新是否成功的核心指标是转粉率，转粉率即新增粉丝数量占比观众总数。有数据分析，转粉率权重略低于互动率，直播间的转粉率在2%～3%属于表现较差，转粉率在7%～8%属于较好。如果能做到10%的转粉率，则说明直播间转化潜力很大。

在这个阶段，拉新话术的使用目的不止于让观众进入直播间，而是希望让直播间的观众成为你的粉丝，话术结构的设计与内容的打磨要以转粉率为目的。此时，话术将发挥其重要作用：降低距离感，拉进观众与主播之间的关系。

传媒世界中有准社会关系的概念，准社会关系是指观众将大众传媒中的人物当作真实人物做出反应，并与之形成一种准社会关系。在数字媒体时代，准社会关系的概念随时代的发展而扩展，观众对主播的行为、语言等做出反应，与其形成一种类似于现实社会的虚拟的社会关系，也称为准社会关系。

作为主播，我们需要通过互动与观众建立联系，尤其是从无到有的关系的建立。因为准社会关系类似于现实世界中的社会关系，所以我们可以通过对现实世界社会关系建立的思考来总结直播中与观众建立关系的技巧。在现实世界中，是什么驱动我们去和陌生人建议朋友关系？是价值。在心理学中，提供价值是关系建立的基础。这种价值主要分为两种：(1)物质价值。(2)情绪价值。在新观众进入直播间的时候，从陌生到成为粉丝的关键就在于直播间提供的价值，站在观众的角度，提供目标观众需要的价值才能驱动观众去点击关注，加粉丝实现团，从而提高转粉率。图5－4是一个正在拉新的主播。

图 5—4　主播拉新场面

（二）拉新话术的结构与关键

设计话术内容与结构时,我们需要考虑三个关键因素:目标受众、受众心理、话术目的。

1. 目标受众

在拉新话术的设计中,目标受众是指初次进入直播间的新观众和未点关注的老观众。话术的目的就是使这部分观众关注直播间,并能参与粉丝团。

2. 受众心理

(1)在直播中,我们常常听到以下类型的话术:

新来的姐妹,点个关注,亮个灯牌,再给拍了一号链接的宝宝们送条围巾。今天新号开播,不为赚米只为赚人气,今天给大家来送福利了,左上角点个关注,加粉丝团就算报名成功,来,后台统计。家人们,点了关注,加了粉丝团,咱们就是一家人,来,再给家人们赠送一波优惠券。

这种类型的拉新话术简洁、直白,直接通过送福利的方式为受众提供物质价值,而获取物质价值的方式就是点关注,参与粉丝团。此类型的话术利用了受众的互惠心理,即一方为另一方提供帮助或给予某种资源时,后者有回报给予自己帮助的人。受众在点击关注后能受到真正的价格降低、产品赠送等实际利益,自然就会满足获得利益的要求。俗话说"无利不起早",正是如此。

(2)另一种拉新话术:

我做直播除了收入之外,还想认识许多志同道合的朋友,通过网络媒介建立起与陌生的大家的联系。大家觉得我们的直播间有价值,可以点个关注,有任何不足的地方都可以跟我反馈,我们会继续改进,帮粉丝宝宝们找更多性价比高的产品。今天老板下达了工作要求,必须新增50个粉丝,不然会被扣工资,宝宝们帮帮忙,主播还差最后10个关注。

这种袒露心声的方式,试图通过抒情的话语引起与受众的情感共鸣,让受众认为主播真诚沟通或是同情主播,达到新增粉丝的目的。

3. 话术目的

拉新话术不只是简单的口头宣传,让观众点击关注键,而是要给足观众充足的理由和价值去吸引他们主动点击,从而为接下来的产品宣传和销售做准备。

二、互动话术

(一)直播中的互动

直播间的互动率主要包括评论人数、点赞人数、刷礼物人数、转发直播间的人数等,直播间的互动率也是一个很重要的权重指标。一般来说,3%~10%是正常的,也就是说,如果这场直播有5 000位观众,评论数至少要达到150条,才算是一个正常的直播间。抖音直播有多种互动做法,以下是七种常见的互动方式:

1. 点赞和送礼物

观众可以通过点赞和送礼物的方式表达对主播的喜爱和支持。点赞和礼物的数量会在直播过程中显示,增加互动和氛围。

2. 评论互动

观众可以在直播过程中通过评论功能与主播进行互动,提问、留言、表达观点等。

3. 发弹幕领福袋

主播可以设置福袋口令,观众通过参与福袋发送指定弹幕,在直播画面上以滚动的形式展示,增加直播间互动氛围。

4. 语音互动

观众可以通过语音功能与主播进行实时语音交流,表达意见、提问或者聊天。

5. 参与抽奖活动

主播可以举办抽奖活动,观众参与活动后有机会获得奖品或特殊权益,增加观众的参与度和黏性。

6. 进行游戏互动

主播可以设置一些互动游戏,观众通过参与游戏与主播互动,增加直播的趣味性和娱乐性。

7. 分享和通知好友

观众可以通过分享直播链接或通知好友的方式邀请其他人观看直播,扩大直播的观众范围,增加互动和曝光。

研究发现,直播中的交互性对观众的购买意图起着重要作用。探讨影响观众购买意愿的因素,认为视觉场景和沟通正向影响了观众的感知享受,进而正向影响观众的采纳意愿。

(二)互动话术的作用

1. 增加停留时长

直播的趣味性和吸引力,使观众更愿意在直播间停留更长时间。如通过幽默、故事讲述或提出引人入胜的问题,主播可以创造一个轻松、愉快的直播氛围。

2. 增强观众的参与感和代入感

有资料表明,80%的上网者是为了寻找沟通、共性、同伴和集体感。正如一名网友所言,李佳琦直播的魅力是因为"他总能填补我的社交空虚感"。越来越多的观众参与或者观看直播互动不仅是为了购物,也是为了进行情感交流、自我展现、寻找归属感以及虚拟的陪伴感。通过精心设计的互动话术,主播能够有效地引起观众的兴趣,使他们感觉被重视并包含在直播过程中。如通过讨论观众可能遇到的具体问题或情境,可以使观众感觉到直播内容与自己的生活密切相关。直播间的互动性越强,越可以营造良好的直播氛围,从而获得更多的观众进入与更长时间的观众停留。

3. 强化人设

在人际互动中,"人的兴趣始终是控制他人的行为……他能通过给他人某种印象的方式,借以表现自己达到影响这种限定的目的",就是所谓的印象管理。头部电商网红的影响力正是来自他们留给用户的鲜明"印象"——人物形象设定,即人设。正如李佳琦的人设是"口红一哥",而其他网红的人设可能是"邻居大姐姐",这种个人标签能帮助观众在海量信息中迅速识别、记忆并追踪。因此主播与观众日常互动,话术的内容会多次重复与人设相关的词语表达,不断强化其在观众心中的印象。例如,李佳琦无论卖什么货品都会设法和自己的美妆、时尚的标签挂上关联。如某期卖的是烤肠,在向粉丝介绍商品属性之前他特意强调自己是刚刚从某奢侈品牌的秀场回来，自己身着的服装、发型甚至视频中不可闻到的香水味都和要卖的产品形成强烈反差。而有些网红则无论在推荐何种商品时都会频繁提到"老公""女儿""婆婆"这些邻里对话的高频词。可见，对网红主播而言，在与观众的互动中构建"人设"的重要性超过单一的卖货。但现象级的销售记录也是网红主播"人设"的重要元素之一，网红主播常向观众凸显自己过往的销售记录，如："这款牛仔裤我们上次一秒钟卖掉5 000条"，或者销售能力，"她觉得我肯定卖不到1万包？我马上卖空给她看！"，最终的销售成绩则成为老观众向新观众交流（担保）的内容。

（三）优质互动话术示例

1. 及时回答提问

粉丝问：主播能把这条裙子和刚刚的小西装配一下吗？小个子能穿吗？微胖星人能穿吗？

主播答：＃＃（粉丝账号昵称或昵称简称）小姐姐，可以先关注主播，稍等，马上为你试穿哦！

粉丝问：有什么优惠吗？有秒杀吗？那个××（产品名）多少钱？有优惠券吗？优惠券怎么领？

主播答：提问优惠券的那位小姐姐（最好直接说ID名），××有优惠券×元，×点有秒杀活动哦，不要离开直播间错过福利。（然后反复告诉具体的优惠力度及使用方法，确保观众能够在你的指引下正确使用优惠并下单。）

2. 提问式互动

话术：这款口红你们用过吗？有小个子姐妹吗？有和主播一样是敏感肌的宝宝吗？

3. 选择题互动

话术：想要主播先上身左手这款的扣1，想要主播先上身右手这款的扣2。

4. 刷屏式互动

号召观众刷屏互动，以构成直播间热度很高、观众很活跃的"假象"。如图5—5所示，主播正在进行刷屏互动。

话术：想要的宝宝在评论里扣"想要"，后台统计，有多少个想要我们就上多少单。

这些互动也可以适当地借助一些方法，营造氛围。人都有从众的心理，看到大家都在参与、都在买，自己也会被带动起来。当然，这种方法只能建立在货品质量过关的基础上，否则出现大量退货，只会"搬起石头砸了自己的脚"。

图 5-5　刷屏式互动

三、停留话术

(一)停留话术的概念和意义

直播停留话术是指直播中主播使用的一系列语言技巧和策略，目的是吸引和留住观众，延长他们在直播间的停留时间。这种话术的核心在于提升观众的参与度和互动性，从而增加直播的吸引力和观众忠诚度。直播停留话术以留住观众、提高观众的停留时间为核心目的。

停留是直播的关键，如果直播间的观众来了就走，对直播间不感兴趣，就不会有后面转粉、成单的可能。就像现实生活的商场，如果商场不能吸引顾客，就不会有人进店逛逛，更不会试用产品，当然也不会有成交的可能。久而久之，人流量更少，商场中的商品也卖不出去。直播间也是如此，直播间能留住更多的人，就能获得更多的平台自然流量推荐，日复一日，才能做成人气直播间。

(二)停留话术的策略

1. 利用福利产品吸引停留

话术：新进来的家人们点点赞，点赞到 2 万，主播就给大家上我手上的这款产品，价格很美丽,想要的宝宝们,赶紧动动小手点点赞。

话术:下面来给大家上福利产品,外面卖十几块钱一双的拖鞋,现在在我的直播间,只要2.9就可以包邮到家。点赞到10万,主播就给大家上小黄车,想要的宝宝们,戳戳屏幕点点赞。还差几千个赞就可以上架了,数量不多,待会大家一定要拼手速。

2. 设置直播福袋引导停留

直播间通过发送福袋来留人,是一个不错的选择。福袋可以设置倒计时,如发一个10分钟的福袋,可以每隔2分钟提醒一次,最后1分钟再重复提醒。

话术:还没有领取福袋的宝宝们,赶紧点击参与左上角福袋,福袋给大家发的是×××奖品,参与就有机会中奖,福袋还有最后3分钟就要开奖啦,领取的朋友千万不要离开直播间,离开就失去资格了哦。如图5-6所示,主播正在直播中发福袋。

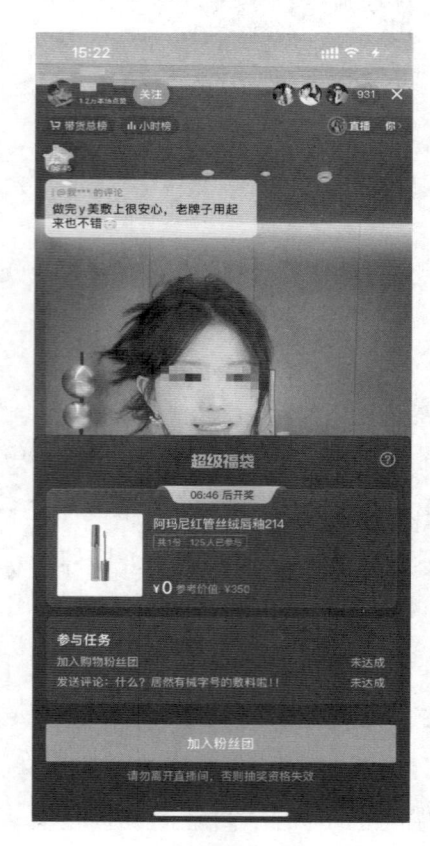

图5-6　直播中发福袋

3. 营造诱发停留的氛围

主播可以不停地引导粉丝在直播间扣"买到了""抢到了""真便宜"等,营造一种直播间大家都在抢购、"真划算"的氛围，这样可能刚进来的粉丝也会驻足停留一下，看看到底是什么产品、有什么优惠活动，从而提升直播间的留存率。

4. 增强直播间互动数据

直播间互动的人数多了，直播数据达到抖音的要求，抖音就会推送更多的流量。想要留人，就必须让直播间的粉丝参与进来，产生互动、聊天。互动除了音浪外还包括直播间内关注、评论、点击购物车、点击商品、送礼物、加入粉丝团等。想方设法引导直播间观众的互动，是做好直播很关键的一个步骤。一方面是为了调动直播间氛围，另一方面也有助于建立和观众之间的强联系，提升粉丝量并提升货品的转化率。图5—7所示，主播在与观众互动。

接下来通过几个示例来展不同场景进行互动的话术：

图5—7 主播与观众互动

示例一 刷屏式互动

上架产品之前要引导大家互动，调动直播间的氛围。

话术1：想要这个加绒拖鞋的，给我扣个"想要"，外面至少都卖好几十块钱，今天在我的直播间只要9.9还包邮，到家之后，不满意，无条件退款，想要的扣"想要"。

话术2：拍了回来扣"已拍"，3分钟后给大家抽免单活动了，还没付款的宝宝们抓紧时间去付款，只有有已拍订单且扣了"已拍"的宝宝才可以参与抽免单福利啦。

示例二 回答弹幕式互动

当有人在弹幕上提问,主播今天戴的帽子/耳钉/手链……是在哪里买的啊?怎么搭配比较好看啊,这款产品微胖的人适不适合啊,这款面膜敏感肌能不能用等。

话术1:现在弹幕有点多,宝宝们不要着急,你们的问题我都记下来了,主播都会为大家解答的,请大家耐心等待。

话术2:这款面膜含有……成分,是专门针对敏感肌的宝宝设计的,成分非常温和,用了不会过敏,大家放心购买,质量都是有保证的。

示例三 提问式互动

如果直播间人数不是很多,那么你就要主动找话题和大家互动,把直播间的气氛搞起来,这个时候可以尝试提问几个问题。

话术1:接下来我们要上架的这款商品是××品牌的洗面奶,是主播的自留款,亲测真的好用,所以想推荐给大家,直播间的宝宝有用过这款产品的吗?

话术2:如果你的直播间卖的产品是某个明星代言的,那么你就可以很自然地问一句:"××的粉丝在哪里?"

话术3:秋天到了,天气转凉,空气也变得越来越干燥了,嗓子经常不舒服是不是?今天主播就给大家推荐一款秋梨膏,现在这个季节喝正合适,大家知道喝秋梨膏有什么好处吗?

示例四 选择题式互动

这种比较常见。在服饰及彩妆类的直播间,由于观众想要看上身或上脸效果,但是众口难调,每个人想看的可能会不一样,主播就可以借此机会引导用户在评论区互动。

话术1:宝宝们,想看A款的扣1,想看B款的扣2,我看看想看哪件更多主播就先给大家试哪件。

四、塑品话术

(一)塑品话术的概念、目的和作用

塑品话术在直播销售和营销领域中指的是一种特定的沟通技巧,旨在通过言语的艺术有效地塑造和展示产品的价值,激发观众的兴趣和购买欲望。这种话术不仅仅是简单地介绍产品特性,更重要的是能够引起观众情感上的共鸣,满足他们深层次的需求和愿望。

在直播环境中应用塑品话术,其意义和目的具有多重层面:

1. 增强产品吸引力

在直播中,观众无法亲身体验产品。塑品话术通过生动的描述和情感化的叙述,

帮助观众在心理上感受到产品的价值和用途,增加对产品的吸引力。

2. 创造情感连接

直播销售不仅是商品交易,更是情感交流的平台。通过塑品话术,主播可以与观众建立情感上的连接,使观众感受到主播的诚意和产品的独特价值。

3. 激发购买行为

通过有效的话术,主播可以刺激观众的购买冲动。好的话术能够准确描绘出产品使用后的场景,让观众产生"必须拥有"的感觉。

4. 区分市场竞争

想在众多直播间中脱颖而出,塑品话术是一个关键因素。它帮助主播展示产品的独特性,从而在竞争激烈的市场中获得优势。

5. 提升品牌形象

塑品话术不仅仅是对产品的推广,同时,还是品牌形象的一部分。主播通过专业和吸引人的话术可以增强品牌的专业度和可信度。

6. 促进互动交流

直播的另一个关键元素是观众互动。有效的塑品话术能够激发观众的评论和参与,增加直播的互动性和吸引力。

7. 建立长期客户关系

通过塑造产品价值和建立信任,主播可以培养观众的忠诚度,从而转化为长期的客户关系。

总的来说,直播中的塑品话术不仅是销售工具,也是构建品牌、增加销售、激发观众情感和维护客户关系的多功能策略。

(二)塑品话术的策略

1. 场景化客户痛点与需求

场景化客户痛点和需求是指在销售过程中,特别是在直播销售中,将客户可能遇到的问题(痛点)和他们的需求放置于具体、生动的场景之中进行描述和解决。这种方法不仅有助于提升产品的吸引力,还能更直接地与潜在客户建立情感上的共鸣。

(1)理解客户痛点

客户痛点是指客户在选择或使用某产品或服务过程中遇到的问题和挑战,放在直播间里来说,主要指用户在选择产品到成交过程中所顾虑的问题。理解清楚这些痛点是制定有效销售策略的关键。

①识别痛点。通过市场调研、客户反馈、社交媒体分析等方式识别目标客户群体的常见问题。

②分类痛点。将痛点分类(如功能性痛点、情感性痛点、金钱痛点等),以更好地针对性解决。

(2)客户需求分析

需求分析涉及对客户希望获得的解决方案、产品或服务的期望和理解。这些需求可能是明确的,也可能是潜在的。

①直接需求。客户明确表达的需求,如更高效的工具、更舒适的生活用品等。

②隐性需求。客户可能尚未意识到的需求,但通过分析可以预见并提供解决方案。

(3)创建场景

场景化是指将客户的痛点和需求放置于一个具体的、可想象的背景中。这样做可以使客户更容易理解产品如何在实际生活中发挥作用。

①场景设计。基于客户的生活方式、工作环境或兴趣爱好,设计与之相关的场景。

②情感共鸣。通过场景讲述,激发客户的情感共鸣,使其感觉到产品能够解决其实际问题。

(4)结合产品解决方案

将产品或服务的功能与上述场景结合起来,展示其如何有效解决客户的痛点和需求。

①功能性演示。在具体场景中展示产品如何运作以及其解决问题的能力。

②情感价值强调。强调产品在满足情感需求、提高生活质量方面的价值。

(5)应用于直播销售

在直播销售中,场景化的应用可以使产品演示更加生动和吸引人。互动故事讲述,利用直播的互动性,讲述相关故事,吸引观众参与。现场示例:通过现场演示或案例分享,让观众直观感受产品如何解决特定问题。通过以上步骤,场景化客户痛点和需求的方法可以在直播销售中有效地提升客户参与度、增强产品吸引力,并最终促进销售转化。

示例

很多人第一次使用东芝速热智能马桶盖的体验就是太幸福了,别的马桶坐下来是凉的,但是这个坐下来是热的,上完厕所冲水的时候,那个温热的水出来之后,简直要哭出来的感觉,哭率很高,满满的幸福感油然而生。如图5—8所示,就是我们今天介绍东芝智能马桶盖。

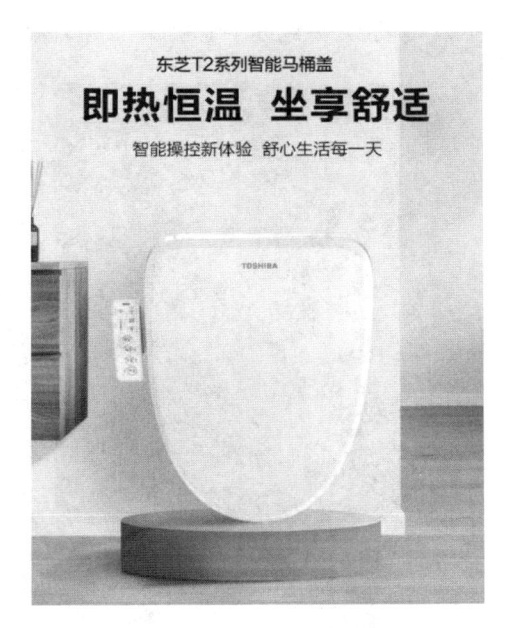

图 5—8　东芝 T2 系列智能马桶盖

拆解

东芝的速热马桶盖,客单价 799 元,较高。根据该产品,我们应该需要思考三个问题:消费者是谁？消费者的需求是什么？产品的使用场景是什么？

依据生活经验,我们可以联想到四个主要使用场景:(1)冬天夜里上厕所,马桶盖冰凉;(2)"十男九痔",痔疮患者使用后需要清洗马桶盖,以防污染;(3)女性生理期需要讲求卫生;(4)电子产品可以满足对生活品质较高的人的要求。发现需求之后就可以根据需求来营造使用场景。主播针对冬天夜里上厕所,比较冷,可以以诙谐幽默的方式讲述,如,如沐春风的感觉;再比如需要提高生活品质的话术,可以营造幸福、舒适的氛围。

2.利他化产品卖点描述

利他化思维是一种以客户为中心的思维方式,强调从客户的角度出发,推荐最适合他们的产品。这种思维方式不仅关注产品本身的特点,还注重如何以观众易于理解的方式传达这些特点。

实践利他化思维的第一步是提炼产品的卖点,然后用日常语言清晰表达这些卖点。例如,如果产品的卖点是"品牌力",这个概念可能对消费者来说太抽象,因此可以转换为更具体、易于理解的卖点,如"畅销 1 000 单""高回购率"等。同样,如果卖点是"家庭必备",则可以转化为"适合老人和小孩使用"的实际应用场景。

示例

这款保温杯可以车载便携(如图 5—9 所示),旅行中非常方便携带,尤其是在家庭开车的旅途中,在高速上没有办法买到水,这款保温杯就是你最好的选择。

图 5—9　花伴森保温杯

拆解

对于保温杯,可以突出其"车载便携""可完全拆洗"等实用特点,而不仅仅是简单地列出其功能。

示例

家人们,这款登山鞋复古耐用,很多的登山鞋质量不好,喜欢登山的朋友穿一次两次就坏掉了,我们这款经久耐用,非常适合户外登山爱好者。颜值也非常高(见图5—10)。

图 5—10　Timberland 大黄靴

拆解

在描述户外登山鞋时,强调其"畅销""透气舒适""复古耐用"等特点,使消费者能够直观感受到产品的优势。这种话术的使用需要积累素材和反复练习,通过持续的实践和学习,形成将产品卖点转化为观众容易接受的语言。这种方法不仅可以增强产品的吸引力,也有助于建立与观众的信任和理解。

3. 升华产品价值塑造

在数字时代,直播带货已成为连接品牌与消费者的重要桥梁。通过直播平台,品牌不仅能展示产品,还能与消费者即时互动,创造独特的购物体验。然而,直播带货同样竞争激烈,要在众多竞争者中脱颖而出,关键在于如何有效地塑造产品价值并激发消费者的购买欲。以下是实现这一目标的几个策略:

(1)呈现产品细节

直播提供了一个展示产品细节的绝佳平台。无论是衣服的材质和缝线,还是口红的色泽和质感等,细致的展示能够增强消费者的信任感,提升产品的感知价值。这种真实、接地气的展示方式,能够让消费者感觉自己就像在实体店中一样亲身体验产品。

(2)强化赠品价值

在直播中,提供赠品往往能大大提升消费者的购买兴趣。一个精心挑选的赠品不仅增加了产品的吸引力,还能让消费者感到额外的惊喜和价值。赠品策略应该与产品相协调,实现双赢效果。

(3)依托品牌信任背书

品牌信任是提升产品价值的另一个重要方面。通过展示销量数据、用户好评、品牌合作等信息,可以增加消费者的信任度。直播带货的透明度和即时反馈机制,为建立和维护这种信任提供了有利条件。

(4)价值升华与情感共鸣

通过与消费者的情感共鸣,可以更有效地升华产品价值。如向消费者传达拥有某款产品是品位和生活态度的体现,可以增加产品的吸引力。这种策略可以激发消费者的情感共鸣,从而促使他们作出购买决定。

示例

一个精致有品位的女人,衣柜里一定有一件羊绒大衣和一双有气质的高跟鞋。

拆解

这段话主打情感共鸣,其实还带了一点道德绑架,会有一种感觉,好像我今天不买我就不是一个精致大气的女人了,是有一点情感绑架的,可能这个人并不想买大衣,但是你告诉她,精致大气的女人必须有一件羊绒大衣,女人都希望自己是精致的、有品位的,所以会激发用户购买下单。

示例

你喷的不是香水,是别人眼中专属于你的味道;当你不知道怎么体现、怎么表现自己的时候,不妨喷一个跟你气质符合的香水;喜欢甜甜的感觉,就买这款香水;是温柔风的小姐姐们也给我买这款香水,它可以随着你的体温变化而变化;你喷的香水就是别人心中你的味道,是属于你独一无二的味道。

拆解

香水卖得好的很少,香水要与消费者进行情感共鸣,就要渲染独一无二的特征。香水代表的是一个人的价值品位和物理上的味道,同时也是个人气质和修养的体现。强调香水可以带给女生独特的气质,留给别人深刻的印象。

示例

你买的不是一个体检套餐,你买的是对家人的健康和安心,你买的是对家人的关爱和保护。

拆解

类似于体检套餐这类产品,最好利用情感共鸣提升产品价值感。大家可以结合上述句式:"你买的不是一个体检套餐,你买的是对家人的健康和安心,你买的是对家人的关爱和保护。"因此,必要时一定程度的"情感绑架"式话术,会比单一的介绍产品细节更让人心动和冲动。

五、促单话术

(一)直播促单话术的意义

直播带货过程中,促单话术是建立观众信任、激发购买欲和提高转化率的关键。这些话术帮助主播以亲切、吸引人的方式展示产品,同时回应观众的疑虑和需求,从而推动销售。有效的直播促单话术有以下几个主要作用:

1. 建立观众信任

通过使用合适的话术,主播能够展示对产品的深入了解和真诚推荐,这有助于建立起观众的信任感,是形成购买决策的基础。

2. 激发购买欲望

有效的话术能够触动观众的情感,激发他们对产品的兴趣和购买欲望。这不仅包括展示产品的功能和优势,还包括创造一种购物时的紧迫感。

3. 提高转化率

通过激发紧迫感、强调限量和展示客户反馈等策略，促单话术可以有效地将观众的兴趣转化为实际的购买行为，从而提高直播的销售业绩。

（二）直播促单话术策略

1. 激发紧迫感

话术：活动即将结束，还没有下单的宝宝们可千万别错过这次机会！

这类话术创造一种时效性，激发观众抓住机会的心理。如图 5－11 所示，主播用手机倒计时催观众下单。

图 5－11　主播借用手机倒计时催单

2. 展示客户反馈和社会认证

话术：看看我们的老顾客怎么评价这件衣服的品质……

展示产品评价的方式，可以提升产品的可信度，增强购买动力。

3. 利用互动式话术

话术：有没有买过这个产品的宝宝？买过觉得好用的在公屏上发送1。

通过提问或邀请观众参与，来增加观众的参与感和购买兴趣。

4. 强调限量和独家优势

话术：今天库存有限，从品牌方那边给大家申请到最后 30 单库存，品牌方已经把全部的库存都给到我了，只有 30 单，拍完不补。

突出产品的独特性和稀缺性。

5. 限时限量

限时限量主要是为了营造一种紧张感,让观众知道,这款商品只有在我的直播间,才能有这个价格,错过了再也没有了。我们在促单时,可以多向观众传达这样的信息。

话术:这支口红限时优惠,今天在我直播间下单宝宝。原价399元,现价只需要199,直降200!这是以前都没有过的优惠。现在我帮你们拿到了!老板说了,这个价格只卖一天,直播一结束,马上恢复原价!看中的朋友,赶紧下单购买!直接引导下单购买,还有很多主播在直播中会这样促单,话术::看中这款商品的朋友们,可以点击下方小黄车,喜欢的商品可以加到购物车购买哦!

这句话虽然有引导观众下单的动作,但是没有催促下单、刺激消费的话术,不会让用户从内心有今天不买就买不到这么优惠的价格了这种感觉,所以效果不如通过限时限量来引导观众下单好。

6. 真诚营销

众所周知,一件商品不一定适合所有的人,如果我们为了销量给观众推荐不适合的商品,可能这一次成功了,但却可能永远失去这个客户。所以,促单时不需要逼得太紧,适当的退步,表现自己的真诚,更容易打动人。不过需要注意的是,建议大家能为观众提供更多不同的选项,通过一退一进,刺激观众的消费欲望。

话术:这支口红色号不适合肤色偏黄的朋友,如果你也喜欢这个系列,可以选择另外××的色号,这支非常显白!

7. 比价

很多主播在直播带货时经常拿自己的商品和其他商品对比,如卖咖啡,可以对比线下门店的价格;卖大牌化妆品,可以对比官网的价格……这些参照物,都是同款商品在现实中价格比较贵的地方。用这些价格做对比,能够更显著地展示直播间的价格优势。

8. 结合实际故事和情感共鸣

话术:我自己也是这个产品的忠实用户。

或讲述产品如何改变了某人的生活,这样的话术能够创造情感共鸣,让观众感到产品更加贴近生活。

项目六　主播互动控场

项目任务操练：完成女装直播间多品类带货直播

项目五对直播内容各个环节进行了拆解和优化，主播的业务能力和直播数据出现了大规模的增长。目前公司未来扩大公司规模，打算再开一个直播账号。接下来解决新直播间的货盘组织和内容设计。

项目任务书

项目六任务书内容见表6—1。

表6—1　　　　　　　　　　　项目六任务书

理论学时	2课时	实操学时	4课时
知识目标	(1)了解直播间产品类型分布 (2)了解引流品、爆品、利润品对直播间的价值贡献		
技能目标	(1)了解引流品、爆品、利润品的选品原则 (2)掌握引流品、爆品、利润品的直播节奏		
素养目标	(1)培养主播的商品思维，能够从商家角度思考每款产品的直播间功能定位 (2)养成产品驱动的习惯，任何产品到主播都可以找到合适的卖点和话术		
项目任务书描述	(1)完成直播间引流品、爆品、利润品选择 (2)完成直播间引流品、爆品、利润品直播内容设计		
学习方法	(1)动手实践 (2)对标账号学习		

续表

理论学时	2 课时	实操学时	4 课时
所涉及的专业知识	（1）直播间常见品类 （2）引流品直播节奏 （3）爆品直播节奏 （4）利润品直播节奏 （5）商品组合直播节奏		
本任务与其他任务的关系	本任务作为课程的第 6 个任务，主要锻炼主播在面对多品类直播间的时候，如何结合产品定位去合理地分布直播内容，从而完成直播间的数据要求		
学习材料与工具	女装直播间供应链一家		
学习组织方式	全部流程以个人为单位组织，完成整个作业的所有内容		

项目指导书

完成本项目任务的基本路径见图 6—1。

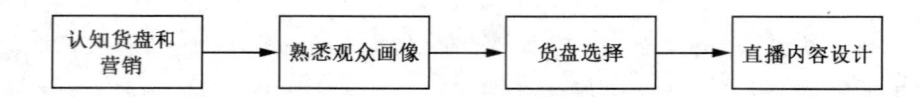

认知货盘和营销 → 熟悉观众画像 → 货盘选择 → 直播内容设计

图 6—1　完成任务的基本路径

第一步：认知货盘和营销。

我们以图 6—2 中 JANGHEMEI 带货商品表为例。

商品标题	商品来源	商品价格	商品销量	商品销售额	好评率
JANGHEMEI【微喇加绒休闲裤】热力感显瘦长裤 K13555M34+K13556M34	抖音小店	¥190	1万-2.5万	250万-500万	94.08 %
JANGHEMEI【假两件可拆拼接衬衫领】热力感羊毛套头毛衣 M12179M34	抖音小店	¥199	1万-2.5万	250万-500万	0.00 %
JANGHEMEI【微喇开叉加绒皮裤】热力感高腰弹力显瘦休闲裤K13027M34	抖音小店	¥240	1万-2.5万	100万-250万	92.13 %
黑色皮感加绒外套 】热力感长袖系带加厚外套 P13880M34	抖音小店	¥280	7500-1万	100万-250万	0.00 %
JANGHEMEI【亮片纯色套装】热力感上衣半裙两件套不可机洗S13932M34	抖音小店	¥150	7500-1万	100万-250万	0.00 %
JANGHEMEI【皮毛长袖外套】热力感宽松复古慵懒上衣 W14132M34	抖音小店	¥410	5000-7500	100万-250万	87.50 %
JANGHEMEI【修身内搭毛衣】高领长袖浣熊绒绵羊毛兔毛上衣M12823M34	抖音小店	¥150	1万-2.5万	100万-250万	93.88 %
JANGHEMEI【假两件拼接外套】热力感长袖加绒皮外套 C14542M34	抖音小店	¥230	5000-7500	100万-250万	0.00 %
JANGHEMEI【黑色高腰加绒长裤】热力感显瘦长裤K13805M34+K13810M34	抖音小店	¥230	5000-7500	100万-250万	100.00 %
JANGHEMEI【修身内搭毛衣】热力感连帽保暖90白鸭绒 E14752M34	抖音小店	¥699	1000-2500	100万-250万	0.00 %
JANGHEMEI【V领加厚外套】热力感宽松毛毛外套 W13823M34	抖音小店	¥399	2500-5000	100万-250万	85.00 %
JANGHEMEI【牛角扣皮毛外套】热力感宽松100绵羊毛大衣 W14591M34	抖音小店	¥599	1000-2500	100万-250万	0.00 %
JANGHEMEI【乳胶黑金小黑裤】热力感90白鹅绒骆驼绒保暖裤K14768M34	抖音小店	¥160	5000-7500	75万-100万	0.00 %
JANGHEMEI【皮毛双排扣外套】热力感加厚毛毛上衣 W14292M34	抖音小店	¥430	1000-2500	75万-100万	0.00 %
JANGHEMEI【绿色皮毛外套】热力感保暖长袖上衣 W14451M34	抖音小店	¥420	1000-2500	75万-100万	0.00 %
JANGHEMEI【加厚皮毛外套】热力感宽松中长款上衣 W13822M34	抖音小店	¥399	1000-2500	75万-100万	0.00 %
JANGHEMEI【紫色皮毛外套】热力感保暖长袖上衣 W13715M34	抖音小店	¥399	1000-2500	75万-100万	100.00 %
JANGHEMEI【微喇加绒皮裤】热力感显瘦长裤K13714M34+K14249M34	抖音小店	¥240	2500-5000	75万-100万	100.00 %
JANGHEMEI【短款立领羽绒服】热力感宽松面包服90白鸭绒12882M34	抖音小店	¥999	1000-2500	50万-75万	93.67 %
JANGHEMEI【高腰加绒直筒长裤】热力感加绒直筒长裤 H14357M34	抖音小店	¥399	1000-2500	50万-75万	0.00 %
JANGHEMEI【加厚拼接毛毛外套】高级感保暖羊绒大衣 A14515M34	抖音小店	¥9999	1000-2500	50万-75万	0.00 %
JANGHEMEI【狐狸毛领收腰羽绒服】90白鸭绒翻领热力感 E12998M34	抖音小店	¥799	750-1000	50万-75万	78.05 %
JANGHEMEI【交叉下摆毛半高针织衫】热力感半高领长袖上衣 G13696M34	抖音小店	¥190	2500-5000	50万-75万	0.00 %
JANGHEMEI【复古吊带连衣裙】热力感交叉收腰L13328M34+L13329M34	抖音小店	¥259	1000-2500	50万-75万	100.00 %
JANGHEMEI【修身内搭毛衣】高领长袖浣熊绒绵羊毛兔毛上衣M12823M34	抖音小店	¥150	2500-5000	50万-75万	91.13 %

图 6—2　JANGHEMEI 带货商品

根据所提供的图 6－2，我们可以看到，目前 JANGHEMEI 整个供应链体系中女装共有 347 个链接。目前我们主推的链接只有前 12 款产品。JANGHEMEI 的整个价格带在 130～1 000 元之间，价格跨度还是比较大的。我们先学习如何从这么多产品中选择几款新直播间的主推产品，而且不影响原来直播间的销售。

第二步：熟悉观众画像。

我们通过图 6－3 中一系列观众画像，来充分了解我们的受众群体。

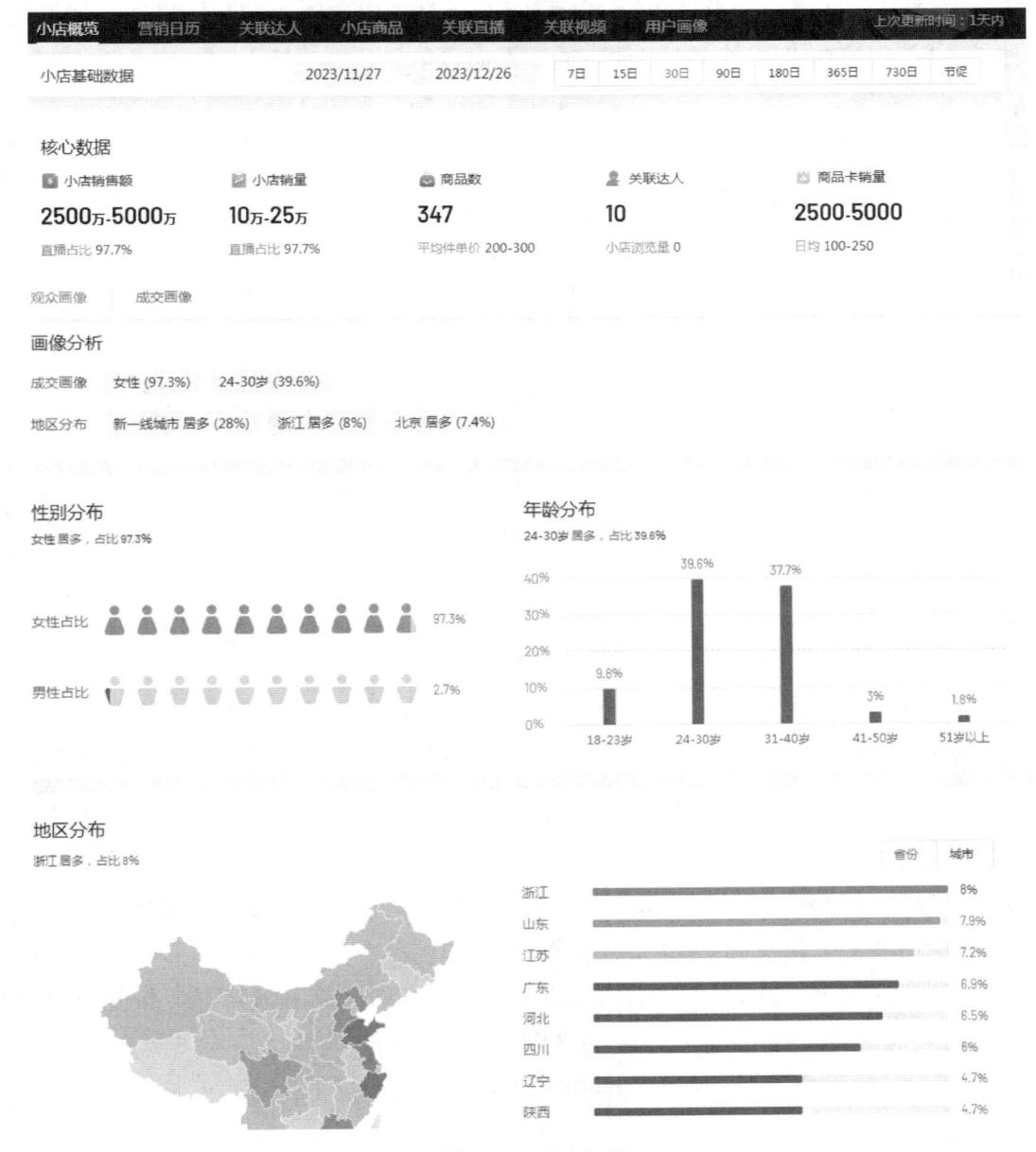

图 6－3　观众画像

熟悉观众画像,是选品之前我们要重点思考的事情。通过已有的数据我们可以看到,JANGHEMEI 的购买人群主要是 24~40 岁之间的女性,而且主要集中在沿海省份。再注意一个小小细节,JANGHEMEI 的用户人均消费客单价在 200~300 元之间,这个对我们在选择产品和做产品定价的时候能起到价格对标作用。

第三步:货盘选择。

引流品、爆品、利润品是我们对整个直播间的货盘类型的分类。其主要目的就是要对每个产品的功能定位有侧重点,相互搭配,最终完成直播间的既定目标。选择完 3 种货品后,应填在表 6—2 中,以便直播中及时调取。

表 6—2　　　　　　　　　　引流品、爆品、利润品选择

商品名称	商品价格	商品定位	商品卖点

注:商品定位是指该商品是引流品,还是爆品或是利润品。

(1)引流品。对直播间最大的价值就是保证人气。所以这种类型的产品既要做到价格足够优惠,还要做到受众群体广泛,同时还不能亏本销售。因为想引流就必须性价比高,性价比高就可能控制不住成本,但是引流品往往又属于高销量产品,一旦亏本太多,整体利润就会下降。

(2)爆品。首先评价标准就是销量要高,其次就是价格处于整个直播间平均客单价左右,最后就是评价要高,利于后期复购。

(3)利润品,就是要赚钱的产品。更准确地讲,应该是高利润产品。虽然爆品肯定也是有利润的,但是利润品属于更高利润的产品。如我们的爆品为了销量,我们把价值控制在每一件赚 10 元,那我们的利润品最好控制在每一件赚 100 元。这样造成的结果就是利润品大概率会卖得较少,但是单件利润高后,整体的利润和利润率会出现上升趋势。

第四步:直播内容设计。

直播内容除了产品话术之外,还包括我们的直播时间段、直播时长、直播过程中管理和主播的配合方法等。在我们整体货盘确定完之后,首先,我们要根据行业规律和用户习惯确定我们的直播时间。其次,再根据我们选择的货盘制定直播时长和直播节奏。最后,将我们的方案填入表6—3以便调用及播后复盘。

表6—3　　　　　　　　　　　　　　直播内容设计

直播时间				
直播时长				
时间	时长	产品	直播话术	中控配合

注:作业输出《女装直播间直播内容表》。

在设计直播内容时,直播话术是我们整个板块的重中之重。而直播话术主要是针对产品话术,产品话术又分引流品、爆品和利润品。我们的话术除了去解决产品价值塑造之外,还要做到拉新、停留、互动、促单4个要求。其实就是我们项目五中对直播流量的承接话术的综合应用。

在分别讲解不同类型的产品时,我们也要学会利用不同的节奏。如引流品,本质上是为了吸引观众停留和下单,所以在整体的语速节奏上要快。但是促单开单的时长又应长一点,因为一旦开价,消费者购买完后就会直接离开。开价拖太久,消费者也有可能会直接离开,所以直播节奏和时长就是随机应变的技巧。

爆品是直播间销售的主力,是我们整个直播间GMV的价值贡献。首先,既要有销量,还得有客单价,同时还得保证利润。其次,爆品的选择要结合市场竞争环境,同时要考虑自己的生产成本和观众需求。最后,再得出产品定价,同时在爆品的价值塑造上面,我们也可以增加除了文字话术之外更多的产品演绎环节。

项目任务评价标准及评分表

表6-4为本项目任务评价标准及评分表。

表6-4　　　　　　　　　　项目任务评价标准及评分表

项目任务	评分标准	分值	得分
直播间引流品、爆品、利润品选择	了解引流品的原则，做到价格、认知、受众3个维度必须有1个具备绝对优势	10	
	掌握引流品的选品方法，引流品数量控制在2~3个之间	5	
	掌握爆品的选品原则，数量控制在3~5个之间	5	
	了解爆品功能定位，价格与竞争对手的价格比较上下不超15%	10	
	熟悉爆品的市场环境，毛利率不低于20%	10	
	掌握利润品的成本考核，毛利率不低于50%	10	
直播间引流品、爆品、利润品直播内容设计	了解引流品的话术节奏，快速表达引流的卖点优势，短时间内做到粉丝停留，拉高在线量和转粉率	10	
	掌握每个产品的促单环节氛围营造，在每个促单环节开展氛围制造行为	10	
	掌握利润款的高价值塑造法，实施产品测试或产品文化打造	10	
	熟悉爆品话术的讲解思路，整个爆品话术内容包括痛点抛出、产品引入、卖点介绍、场景营造、福利憋单、促单开价环节	10	
	引流品有自己专属的背景音乐设计	5	
	掌握爆品和利润品的开价节奏，每款产品开价时有专属背景音乐	5	

知识准备

直播带货的产品中有很多类型，常见的有引流品、爆品、利润品。不同类型的产品在一场直播中发挥着不同的作用。通过项目六的学习，可以深化主播对不同类型产品的作用的认识，了解排品顺序和直播节奏，以求达到更好的直播效果。

一、直播间常见品类

（一）引流品

1. 引流品的概念和作用

引流品，顾名思义，就是用来引流的产品，正如现实生活中的商店、餐厅等消费场所，为了吸引更多的顾客到店里消费，就必须有引流品。如超市里的鸡蛋打折出售，就会引来大量的老人来超市排队购买，便宜的鸡蛋就是引流品。新开的餐厅推出特价团购套餐,吸引更多的顾客来餐厅用餐,特价团购套餐就是引流品。这些产品以低价的特点吸引更多的消费者到店里来,消费者一旦到达店里,就有了消费其他产品的可能,这就是引流品的功效。如图6—4所示,就是一款引流品。

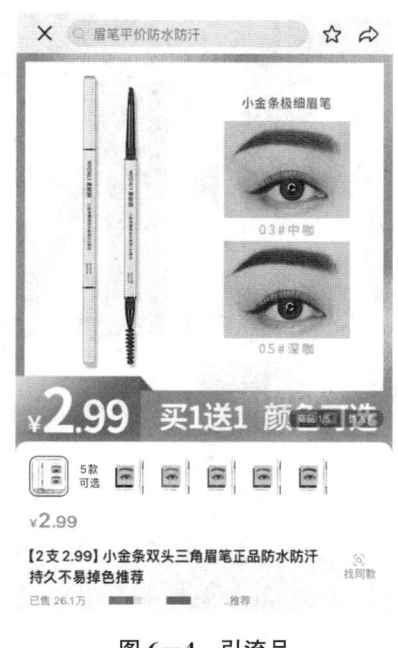

图6—4 引流品

抖音区别于淘宝、京东等货架电商平台,抖音是兴趣电商平台,兴趣电商是货找人,其分发流量机制基于内容与观众兴趣。为了获得更多的流量,就需要找到更多的对直播间感兴趣的观众。根据抖音的停留模型,我们可以得知,人数多的直播间与人数少的直播间的区别并不是直播间的留人能力,而是直播间的推流速度。我们在起号阶段想让直播间的人变多,就需要让我们的推流速度变快。而引流品的作用正是如此,通过引流产品做好我们的停留模型,通过引流品把精准的人留在我们的直播间,让他们在我们的直播间产生停留、互动、评论,从而使得抖音给我们推送更多的人群,所以这就是引流品的最大作用:拉高在线人数。

2. 引流品选择策略

引流品作为直播间吸引流量的主要产品,是直播间所有产品的排头兵。直播间有一个好的引流品,才能有流量,有流量才有后续的可能,所以选择一个优质的引流品,至关重要。一个优质的引流品应该具备三个关键点:高性价比、受众广泛、高价格认知。

(1)高性价比

引流品并不一定是低价的产品,我们要以消费者的思维来思考产品与其定价。

假设两款产品，一个是每瓶售卖价 1 499 元的茅台酒，另外一个是一双 9.9 元的拖鞋。从价格上讲，拖鞋的单价更低，但是茅台酒带给人的价值感更强，相比之下，茅台酒的性价比也更高，所以引流品不是绝对的低价产品，而是要有高性价比。如图 6—5 所示，作为引流品的两款商品比较。

图 6—5　1 499 元的茅台酒和 9.9 元的拖鞋

(2) 受众广泛

只满足高性价比也是不够的。如大英博物馆的一款纪念搅拌勺（如图 6—6 所示），售价仅需每支人民币 29.9 元。站在普通消费者的角度上看，平时我们搅拌咖啡，或者饮品基本上随便找根筷子就能搅拌，所以，这种搅拌勺对大多数消费者来说可有可无，只能吸引到部分特殊群体，不能发挥最大的引流作用。由此可见，我们在选择引流品时，要选择能够最大限度地符合大部分人群的需求，并对大部分人群有足够的吸引力的产品。也就是说，引流品需要受众广泛。

图 6—6　大英博物馆搅拌棒

(3)高价格认知

除了高性价比和受众广泛,引流产品还需要具备高价格认知的特点。所谓高价格认知,就是消费者能够一眼计算出此商品平时的售价。如第一款进口点心58元一袋(如图6—7所示),第二款桶装德芙45元桶(如图6—8所示)。消费者一定更愿意停留在?桶装德芙。但是,进口点心成本价78元一袋,亏本做引流;第二款德芙成本价40元一桶,商家可以盈利5元。所以,并不是一定要亏本做引流。这两个产品差异在于价格认知,大部分消费者对桶装德芙都是有价格认知的,但是我们对于进口点心是没有价格认知的。这就类似于拿一个小布袋去做引流,每个人对这个布袋都没有价格概念,不管这个布袋实际价格是多少,顾客内心布袋的价格是不变的。

图6—7 进口点心每袋售价58元,成本78元

图6—8 德芙巧克力每桶售价45元,成本40元

引流品最大的作用是拉高直播间的在线人数,然后转到爆款的销售,所以引流品是不会大量放单的,更多的是希望直播间观众抢不到。通过评论互动,拉、停、留观众。当然,如果引流品有利润且点击率足够高,也可以放量,提升直播间成交转换率。

但对于大部分直播间,引流品可能不会盈利,所以引流品不看成交转换率,主要看曝光点击率,一个合格的引流品曝光点击率不得低于20%。

(二)爆品

1. 爆品的概念和作用

爆品就是直播间热卖的产品,即成交量很高的产品。引流品是为了拉高在线人数,刺激观众进线。当直播间人气达到一定数值时,我们就可以开始爆品售卖了。爆品的作用就是提高直播间的GMV与成交密度。引流品是铺垫,爆品的售卖才是目的。如图6-9所示,主播正在售卖爆品。

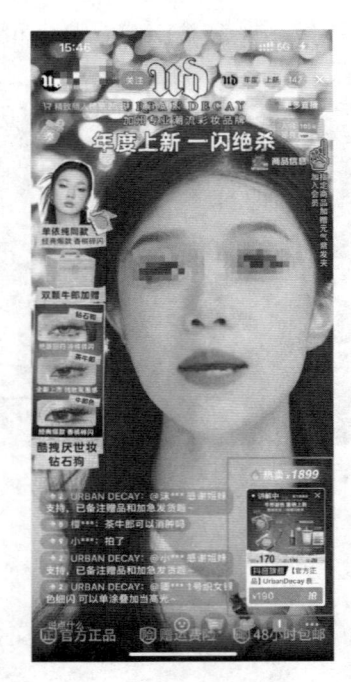

图6-9 售卖爆品

2. 爆品选择策略

与引流品不同,爆品是为了售卖而不是为了提高人气。一个优质的爆品需要具备以下三个特点:高性价比、高转换率、利润不高。

(1)高性价比

和引流品一样,爆品不一定是低价产品,而是高性价比产品。通过引流品拉来的观众,他们是一类人,所以为了高性价比来的人也会为了高性价比买单。因此,我们的爆款第一个特点就是高性价比。

(2)高转换率

一款产品售价是18.88元,另外一款售价是269元。但是,第一款产品的浏览量是109.56万,销量是20万元,相当于有20%的转换率;第二款浏览量是43.2万,有2.84万元的销量,大概是10%不到的转换率。因此,这两款产品中,第一款更适合做我们的爆款产品。决定产品是否能用来做爆款是由它的转换率决定的,而不是价格。能够成为爆品,不在于价格而在于它的高转换率,因为我们最终的目的是要把产品售卖出去。所以我们爆款的第二个特点就是要有高的转化率。

爆款考核的指标是点击成交率,但这并不意味着爆款不考核曝光点击率。在点击成交量的指标上,产品的点击成交率大于12%是爆款的标准,因为它要用来承接我们用引流品拉来的流量,在这个环节实现一个良好的转换。

(3)利润不高

为了提高GMV,获得更高的成交频率和成交数量,我们需要让利给消费者,采取薄利多销的策略,以更低的利润换取更多的成交。但同时也要注意,产品的成交价格要涵盖住成本。因为爆品会大批量上架,产生大量订单,如果产品价格不能覆盖成本,过度为了提高成交量而导致单价亏损,则会造成巨额的损失。

(三)利润品

1. 利润品的概念和作用

在直播带货的环境中,利润品是指那些能为直播间带来较高利润的商品。这些商品的特点包括较高的客单价和较高的利润率,通常在直播过程的后期推出。与引流品和销量款不同,推荐利润品的主要目的不是吸引观众或提升直播间的人气,而是实现经济效益的最大化。在直播节奏的安排中,利润品的推荐通常发生在直播间人气和观众参与度达到较高水平后,此时观众的购买意愿和信任度相对较高。

2. 利润品选品策略

直播间利润品的选品策略涉及精心挑选那些能够为直播带来较高利润的商品。这些策略旨在确保产品不仅吸引观众,同时也能有效地转化为销售,增加直播间的总体收入。以下是一些利润品选品策略的关键点:

(1)市场需求与目标观众

选择那些市场需求强烈的产品,同时确保这些产品符合目标观众的兴趣和需求。理解观众的购买习惯、偏好和消费能力对于选品至关重要。每个受众群体的消费需求和偏好不同,我们在选品时要精确掌握用户画像,对症下药,选择用户感兴趣、有需求的产品。

(2)产品质量和独特性

质量是一切销售的前提,选择高质量且具有独特卖点的商品。高品质的商品可以提高顾客满意度和复购率,而独特性则能吸引观众的注意力。

(3) 较高利润率的产品

选择利润率较高的商品,确保每笔销售都能为直播间带来较好的收益。通常,这类产品的客单价较高,但需要保证价格对于目标观众来说仍然可接受。要把握好利润与观众接受度之间的平衡,实现利益的最大化。

(4) 产品演示和故事性

选取容易通过直播演示来展示其价值和功能的商品,并且能够围绕产品构建吸引人的故事。

(5) 产品的可信赖性和口碑

选择那些已经在市场上有良好口碑的商品。消费者的评价和推荐可以极大地提升产品的可信度。

(6) 配合直播主题和趋势

紧跟市场趋势和流行元素,将产品与当前流行或季节性主题相结合。

(7) 供应链和库存管理

选择供应链稳定的产品,确保库存充足,避免直播过程中出现断货现象。

通过以上策略,直播间可以有效地挑选出适合推广的利润品。同时,平衡观众的参与体验和直播间的盈利目标。

二、引流品直播节奏

(一) 憋单节奏

在直播销售领域,采用"憋单节奏"策略以介绍福利品,成为一种特别的营销手段,旨在吸引观众并提升直播间的人气。此策略通常以两分钟的周期进行,重点在于详尽展示福利品的各项优势及其极具吸引力的价格。

福利品被选中用于此种节奏的主要原因在于其卓越的性价比,主播在展示时会集中突出其价格优势和商品特点,并通过限量销售的方式制造购买的紧迫感。此外,为了进一步提高直播间的互动性和观众参与度,主播会采取多种互动策略,如鼓励观众点赞、关注及评论,并设置特定的互动目标,如达到一定数量的点赞后增加产品的供应量等。

通过这种方式,不仅能在短时间内显著提升直播间的活跃度,而且为后续的销售环节奠定了良好的基础,从而在直播销售中发挥关键作用。

缓节奏一般是 90 秒+30 秒,一共两分钟。在这两分钟内,高频输出卖点。因为引流品一般都是超高性价比,既然性价比很高,我们只需要讲解优点。

话术:今天我们就是便宜,今天就只有 50 单,今天你买到的就等于是赚到了,今天你能够看到的就是一种缘分,但是明天可能就没了,目前只剩 50 单了,而且这个东西你在外面就是要 399 元,我们就是 9.9 元,超级划算。

然后,你可以每接一个卖点之后顺便去要求用户给你做数据。

话术:点赞,点到 1 万赞,给宝宝们申请追加 10 单,想要的朋友帮我们加个粉丝灯牌,想要的朋友不要走开,点赞到 1 万就给大家上链接。

重点就在于通过产品的稀缺性或难得性来引导用户做数据,从而达到憋单留住用户的作用,但要注意把控节奏和时长,不能过度憋单,否则可能适得其反。

图 6-10 中对憋单节奏做了归纳。

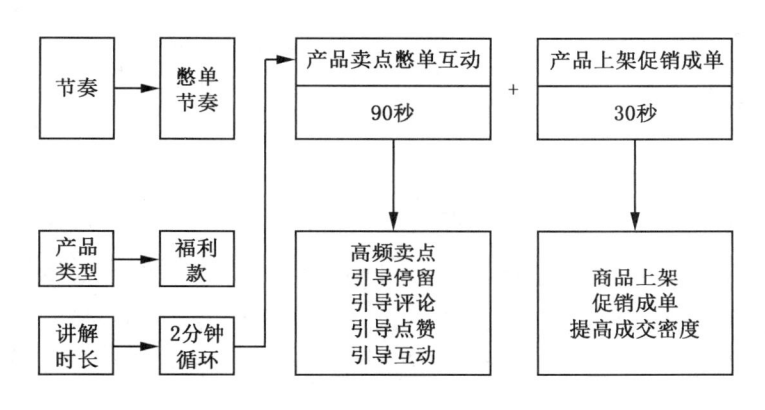

图 6-10 憋单节奏

(二)引流品直播节奏关键

1. 引人入胜的开场

引流品应以吸引人的方式开场,如使用激动人心的语言或展示独特的产品特性。开场部分应简短精悍,迅速引起观众的兴趣。

2. 突出产品吸引力

引流品通常价格亲民,性价比高,这些特点应在直播中明确突出。通过展示产品的实用性和优越性,快速吸引观众的注意。

3. 快速转换焦点

在对引流品的介绍过程中,要保持快节奏,避免过度深入单一产品,以维持直播间的活力。介绍应聚焦于吸引观众的关键点,如特殊优惠、限时折扣等。

4. 激发观众互动

利用引流品激发观众参与直播间的互动,引导观众在直播间评论,且评论内容越简单越好,最常见的评论就是扣"1"。互动可以增加观众对直播的投入感,从而提高整体的观看时间。

5. 平滑过渡到其他商品

对引流品的介绍之后,应平滑地过渡到对其他高价值或高利润商品的介绍。这种过渡应自然、不突兀,确保观众的注意力不会因突然的转换而流失。

6. 持续维持活力

整个直播过程中,应持续维持活力和互动性,确保观众的参与度和直播间的活跃氛围。

引流品直播节奏的关键在于快速吸引观众,激发互动,然后平滑过渡到其他产品介绍。这种节奏能有效地增加直播间的人气和观众的参与度,为后续的销售环节打下坚实的基础。通过巧妙地应用这些策略,直播主播可以在竞争激烈的市场中脱颖而出。

三、爆品直播节奏

(一)快节奏

爆品本身就利于销售,所以不需要把每个点重新介绍一遍,只需要强调重点,采用快节奏的策略。快节奏介绍策略,是一种高效传达产品信息并促进销售的方法。

此策略通常包括一整套 45 秒左右的快速介绍流程,其中每个环节的时间分配不是固定的,而是根据产品特性和主播的擅长领域灵活调整。如在介绍空气炸锅这类产品时,可以首先用 10~15 秒的时间构建场景和突出用户的需求与痛点,接着结合产品卖点进行价值塑造,最后进行促销和成交的引导。

快节奏的介绍重点在于有效地利用短暂时间突出产品的优势和价值。如售卖一个空气炸锅,可以先介绍场景:很多朋友都喜欢吃油炸食物的酥脆香,但是过多摄入油脂会对身体有很大负担,包括有些朋友对于身材是需要管理的,所以这个时候你又想吃油炸食物,又不想放油,怎么办呢?买一台空气炸锅,因为我们这台空气炸锅它是给你做到的和油炸一样的口感,但是不需要放油。像咱们平时喜欢的食物呢,都可以轻松来制作。

先将卖点讲清楚,再进行价值塑造。如:这款产品细节做得特别好,并且颜值很高,在厨房里看起来就很高档,操作起来也很方便,而且能够带给你全家人的健康饮食。此时再去促销:外面某宝、某猫、某东上面同品质的产品至少都是 299 元,今天我们直播间直降 190 元,109 元包邮送到家,并且还有运费险。高效地引导消费者作出购买决策。此外,主播可以根据实际情况调整部分内容的时间分配,如果产品特别需要场景构建,则可以在该部分花费更多时间。

为了掌握这种快节奏的介绍方法,建议新主播在练习时使用秒表控制时间,在 40 秒到一分钟之间完成一个完整的介绍循环。通过这样的练习,主播可以更好地把握节奏,确保介绍既全面又紧凑,有效地吸引和维持观众的注意力,从而提高产品的销售效率。

图 6-11 中对快节奏做了归纳。

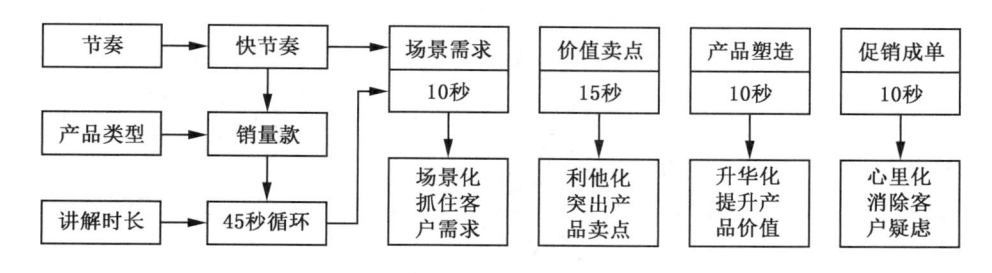

```
节奏 → 快节奏 → 场景需求    价值卖点    产品塑造    促销成单
                  10秒       15秒       10秒       10秒
产品类型 → 销量款
                  场景化     利他化     升华化     心理化
讲解时长 → 45秒循环 抓住客   突出产    提升产    消除客
                  户需求    品卖点    品价值    户疑虑
```

图 6-11 快节奏

(二)爆品直播节奏关键

1. 快速介绍

使用生动的语言和示范,在短时间内展示爆品亮点。通过不断地训练来把握节奏,在有限的时间内清晰、完整地介绍观众感兴趣的产品点。

2. 互动与参与

利用多种互动方式,如提问和投票,提高观众参与度,以此调动观众情绪,增强直播的吸引力。

3. 销售引导技巧

清晰展示购买流程,利用紧迫感和稀缺性原则促成购买,可以通过强调产品的历史销量和产品的稀缺性来制造紧张的氛围感,让观众觉得今天不下单以后就买不到了,今天买到就是赚到。

四、利润品直播节奏

(一)缓节奏

在直播销售中使用缓节奏介绍商品的策略,主要是为了更深入和全面地展示产品的价值,尤其适用于高价值或高利润的商品。首先,这种方法允许主播有足够的时间来构建与商品相关的详细生活或使用场景,帮助观众更好地理解产品在实际生活中的应用和益处。其次,缓节奏的介绍方式能够触及并详细解释如何解决观众的具体问题或满足他们的需求,从而增加产品的吸引力。再次,通过展示主播对产品的深入了解和专业性,缓节奏介绍有助于增强观众对主播和产品的信任感。最后,此策略还为观众提供了更多的时间来参与互动,如提出问题和评论,加深了他们与直播内容的连接。对于那些复杂或高端的产品,主播可以利用缓节奏的时间来细致地塑造和强调产品的价值点。采用缓节奏的直播策略是为了更有效地传达高价值商品的特点,建立观众的信任和购买兴趣,以及创造一个互动和参与的直播环境。

  缓节奏一般是五分钟。按照需求场景营造、产品卖点描述、产品价值塑造、促销成单的时间分配大致分为一分钟、一分钟、两分钟、一分钟。但这个模式的时间分配并不固定,直播应根据产品具体调整,如售卖产品如果是家喻户晓的,则可以减少场景的介绍时间,增加促销方面的时间。缓节奏的整体要求是在五分钟左右形成一个介绍循环,在五分钟的时间内阐述清楚产品卖点及使用场景,烘托产品价值,刺激客户的购买欲望。

  首先,主播需要进行场景营造。如关于飞利浦的净水器的案例,先构建场景:我们平时在家里烧水的时候会发现有水垢,甚至说水质会有问题,比如北方是偏硬的,然后喝水呢,又跟我们全家人的健康是有关系的,所以这个时候你想要带给家人健康,需要一台好的净水器的,今天我们正好就有一台了。在构建场景时,可以单独针对不同的人群去写不同的场景,比如说女士、男士,甚至再细分,如宝妈、已婚人群、单身男女、老人、小孩、长辈。可以根据每个人群各写一段话术,这样能更好地跟用户建立起一个关联。如讲到小孩儿,家里面有小孩需要代购奶粉,买奶粉的时候,害怕宝宝摄入奶粉营养不是很全面的,需要找到更类似于母乳的,但是奶粉买好之后,强调如果水是脏的,则对小孩伤害更大。

  其次,主播应深入解释产品的核心卖点和技术细节。如净水器的滤芯种类、过滤层数、出水速度等,并讲述这些特点背后的故事和技术含义。在此过程中,主播应该通过各种途径获取和整合信息,以便在直播中提供准确、详细的产品介绍。此外,价值塑造也是直播中非常关键的部分。主播需要强调产品如何提升生活质量,如净水器带来的健康生活方式,这不仅是卖一个产品,更是提供了一种健康的生活解决方案。如:我给你卖的是一个净水器吗?不是的,我让你一家人喝的是干净的水,是健康的水。

  最后,主播可以运用促销技巧和心理策略。如展示产品的价格优势、稀缺性等,以激发观众的购买兴趣。通过这种方法,主播能够在直播中更有效地介绍高价值商品,提升销售效果。

  图6-12中对缓节奏做了归纳。

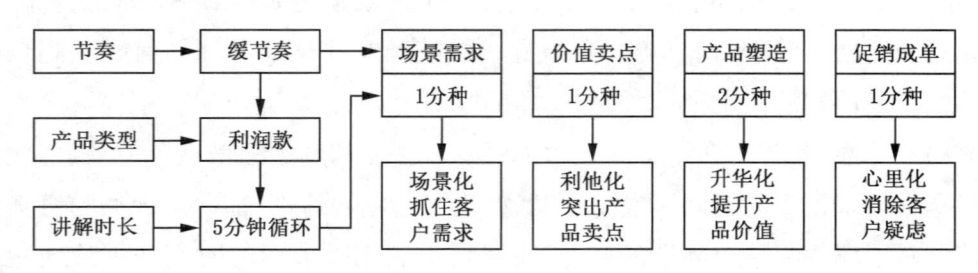

图6-12 缓节奏

(二)缓节奏直播的关键

1. 深度展示

缓节奏允许主播更全面和深入地介绍产品,特别是对于复杂或高价值的商品,这种方式有助于观众了解产品的所有细节和优势。

2. 场景构建

缓节奏提供足够的时间来构建关于产品的详细使用场景,这有助于观众想象产品在日常生活中的应用,从而增加其购买意愿。

3. 增强观众参与

缓节奏介绍为观众提供了更多时间参与互动,比如提问和评论,这种参与感增强了观众对直播内容的兴趣和参与度。

4. 构建信任和可信度

通过缓慢而详细的产品介绍,主播可以展示其对产品的深入理解和专业知识,这有助于建立观众的信任。

5. 价值和品牌故事讲述

缓节奏使得主播有更多空间来讲述产品背后的品牌故事和价值观,这不仅是在销售产品,而是在呈现一个品牌的整体形象。

6. 适应不同类型的产品

对于一些需要详细介绍的产品,如技术设备、健康产品或高端商品等,缓节奏特别适用。

7. 情感连接

缓节奏还允许主播与观众建立更深层次的情感连接,通过分享个人经验或客户故事使产品介绍更加生动和有吸引力。

三种直播节奏的对比见图 6—13。

节奏	讲品时长	主要适用产品类型
快节奏	45秒循环	销量款
缓节奏	5分钟循环	利润款
憋单节奏	2分钟循环	福利款

图 6—13 三种直播节奏

五、主播间的商品组合

(一)商品组合三大原则

爆款的双率(曝光点击率和点击成交率)要大于12%,引流品的曝光点击率要大于20%,那么排品顺序要遵循什么原则?我们通过引流品做停留模型把人气拉高并且停留在直播间,然后用爆品来做成交模型,用刚刚拉来的这波人,让他们购买直播间的卖品,所以这里就跟排品有非常大的逻辑关联,如果排品安排不好则对流量转换有非常大的影响。如图6—14所示,主播直播时的商品组合。排品要遵循三大原则:品类一致、价格衔接和避免同质。

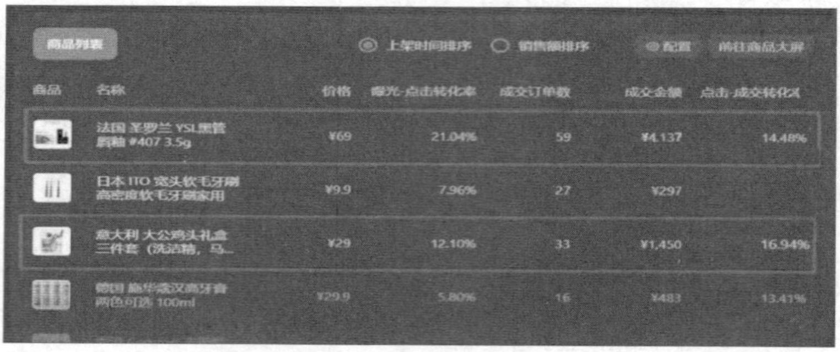

图6—14 主播直播时的商品组合

1. 品类一致

例如,引流品小米电动牙刷,厂商指导价格为每支75元,直播间售卖价每支19.9元,对应的爆品是泰式无骨鸡爪,厂商指导价格为每斤64元,直播间售卖价每斤44元。这两个产品能组合到一起吗?通过电动牙刷吸引进来的人,会买每斤44元的泰式无骨鸡爪吗?肯定会有人买,但是买的人会少之又少,因为通过电动牙刷吸引进来的人和购买泰式无骨鸡爪的人不是同一类人,所以我们的排序原则第一个,一定要遵循品类一致原则,否则就可能会导致卖品一转款就开始掉人的情况。

2. 价格衔接

例如,引流款是每瓶9.9元的玉兰油滋润霜,厂商指导价是每瓶49元,对应的爆款是迪奥花蜜面霜,厂商售卖价是每支1 260元,直播间售卖价是每支998元。这个组合合理吗?引流品价格应该定在正价产品的30%~40%之间,所以这一组排序也不是合理的,因为它没有遵循我们价格衔接的原则。

3. 避免同质

引流品是蒲桑渐变色吹风机,厂商指导价为每台99元,直播间售卖价格是每台

19.9元,对应的爆款是飞科负离子吹风机,厂商指导价为每台299元,直播间售卖价格是每台79元,这个组合合理吗?如果顾客买了每台19.9元引流品的渐变色吹风机,那么还需要购买每台79元的吹风机吗?肯定是不需要的,所以排序第三个原则就是避免同质,因为如果两款卖品同质,会导致买了A的顾客不再需要B。

(二)直播顺序

1. 既定排品和动态排品

既定排品就是根据对这场直播流量的预设,做了一个卖品的基本排列。而动态排品就是根据现场直播间卖品的热度和受欢迎度来决定排品,进行换品和转品。我们整个直播间是一个稳定且健康的曲线,最重要的是稳定在线人数。如果现场正在直播,直播间的观众一直在评论A卖品或是A卖品的成交量更高,我们就应该随机应变,调整讲解卖品,满足客户的需求,直接选择换品或者过品。

2. 六种排品顺序

(1) YB——引流品+爆款

实际上就是通过引流品拉高直播间在线人数,打造更大的人流量池,然后通过爆款刺激这部分观众的消费,达到冲高GMV的目的。

(2) YBL——引流款+爆款+利润款

通过引流拉高在线,再用爆品冲直播间的GMV,最后用利润品做直播间的利润,这种排序方式适合我们直播间启动新号。

(3) YBL——引流款+爆款+常规款

常规款是用来宠粉和测试产品的,这个排序就是通过拉高在线流量冲GMV,再用常规款来宠粉,并且测试常规款是否可以转我们直播间的爆款或者其他款。

(4) 连B——连续爆款

这种排序主要是针对我们直播间流量足够多,不要依赖引流品拉高在线人数,而是可以直接通过连续爆款冲高我们直播间整体GMV的一种做法,在爆品不亏钱的情况下,有的时候爆品也可以作为引流品使用。

(5) BL——爆款+利润款

这个排序是在账号中不再需要用引流品拉人气,提高在线人数,可以直接用爆款去承接流量冲GMV,然后帮助做利润。爆款除了极致性价比之外,一定还要具备引流功能。

(6) BC——爆款+常规款

爆款的作用就是提高成交量。这个排序方式就是通过爆款满足客户的需求,冲高直播间的GMV,然后转常规款。常规款可以用来宠粉,提高直播间的用户黏度和在受众心中的好感度,或是用来测款,测试该产品在直播间受众中的受欢迎程度,为下次上品做铺垫。

直播顺序在直播中发挥着重要的作用,不同的排品对应不同的直播顺序。在直播中,要根据自己的产品选择合适的直播顺序,才能达到事半功倍的效果。常见排品顺序如图6—15所示。

YB	引流品+爆款	拉流量-冲GMV
YBL	引流品+爆款+利润款	拉流量-冲GMV-做利润
YBC	引流品+爆款+常规款	拉流量-冲GMV-测款
连B	连续爆款	冲GMV
BL	爆款+利润款	冲GMV-做利润
BC	爆款+常规款	冲GMV-测款

图6—15 常见排品顺序

项目七　主播避坑技巧

项目任务操练：直播内容违禁行为替换

为了更好地提升直播数据，我们经常会在直播间做一些促销活动。但是在我们介绍直播活动的过程中，我们经常会发现明明我就是在正常讲解一个促销活动，但是系统就是会提醒我直播违规，一直到现在都搞不明白为什么？对此，项目七以直播内容违禁行为为题做复盘。

项目任务书

项目七任务书内容见表 7—1。

表 7—1　　　　　　　　　　项目七任务书

理论学时	2 课时	实操学时	4 课时
知识目标	(1)直播间违禁内容的分类 (2)直播平台违法行为和违规行为 (3)各类违规内容的处罚标准及规避方法		
技能目标	(1)了解各种违规内容的规避方法 (2)掌握违规内容定义标准的查询方式		
素养目标	(1)培训学生合法直播的营销思维，建立规范直播行为，不要接触灰色内容 (2)锻炼学生合理利用平台营销规则能力，在平台规则范围内最大化发货营销价值		
项目任务书描述	(1)根据所提供的素材，去发现直播违规内容 (2)结合实时情况，对直播违规内容进行修改调整		
学习方法	(1)动手实践 (2)对标账号学习		

续表

理论学时	2课时	实操学时	4课时
所涉及的专业知识	（1）直播违法行为 （2）直播违规行为 （3）直播违法违规判断标准 （4）直播合规内容的正确替换		
本任务与其他任务的关系	本任务作为课程的第7个任务，主要保证主播讲出的每一句要符合平台规则和互联网广告法。主要目的是防止平台处罚或消费者售后纠纷		
学习材料与工具	直播间1件，抖音店1家		
学习组织方式	全部流程以个人为单位组织，完成整个作业的所有内容		

项目指导书

完成本项目任务的基本路径见图7—1。

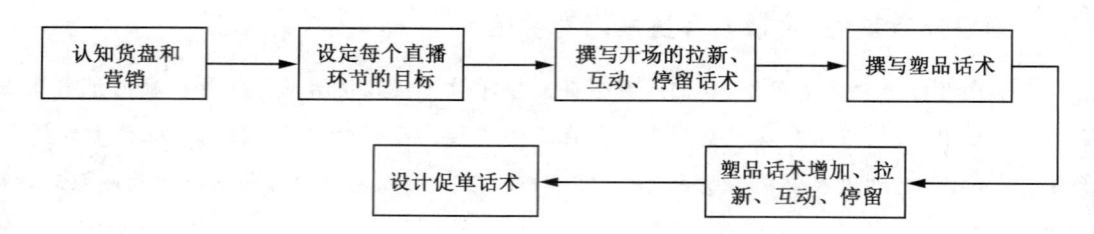

认知货盘和营销 → 设定每个直播环节的目标 → 撰写开场的拉新、互动、停留话术 → 撰写塑品话术 → 塑品话术增加、拉新、互动、停留 → 设计促单话术

图7—1 完成任务的基本路径

第一步：了解违规定义。

违规是指直播内容中出现了一些违反平台规则或是广告法的一些行为和话术。直播行为涉及诸多行业，不同的行业有不同的违规标准，同时违规不仅仅只会出现在直播话术中，包括但不限于直播间贴图、背景、主播着装、商家服务等整个直播销售环节。如果想深度了解抖音平台的违规规则，直接搜索"抖音电商学习中心"，进入规则中心，在规则中心专门有一栏是关于违规管理的各种条例。如图7—2所示，各直播平台都有违规管理案例。

第二步：熟悉违规标准。

在违规管理中，我们要重点关注必读规则和新规通知。违规分为直播间违规和店铺违规。"直播间违规管理"在抖音电商学习中心的商家管理中；"店铺违规管理"在抖音电商学习中心的创作者管理中。每种违规的扣费节点要注意，如图7—3所示，部分违规的扣费节点。

第三步：掌握违规查询。

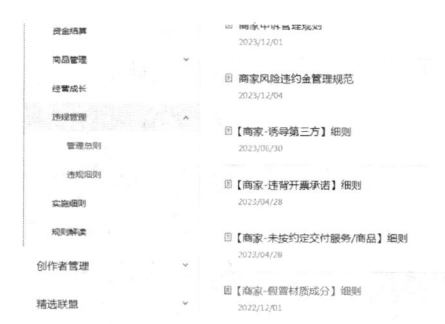

图 7－2　部分违规管理条例

图 7－3　部分违规的扣费节点

抖音直播间的规则会定期更新，如果想获得最新的直播规则，一种是在遇到违规行为的时候直接搜索，另外一种就是每天进入"抖音电商学习中心"，在规则公告栏里面有本周新规速递这一栏，可以全部查看。如图 7－4 所示，直播平台规则公告栏里能查看新规速递。

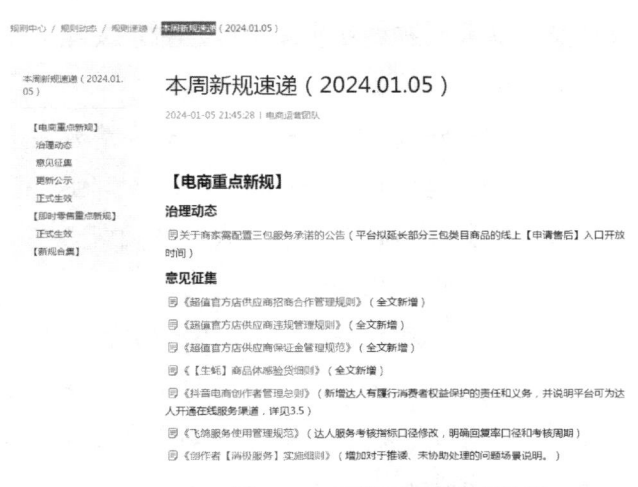

图 7－4　直播平台的新规速递

第四步：阅读直播内容素材。

以下部分话术素材大家可以进行甄别，看有哪些提法存在违规。

说一下我这个外面里面的面料细节　咱们直接试颜色了好不好　可以的啊
看咱们家衣服啊　　比那些优衣库还有韩都衣舍那些质量要好得多
大家都知道它们的质量不是很好的　　　我们家的衣服你们早拍早发
我这个是从8点开播　订单一直在往外出　你们拍的晚了就要等久了
拍的早的话呢　　是直接订单往外出了好不好　　衣长是100
然后给他做是一个德国进口的莱卡　你可以看一下
我们原材料用的都是最好的细毛软毛　高支高密的软毛呢
细毛呢上身很软　而且听好了　没有刷到过涵涵　之前不认识涵涵的
听好了我们家的大衣　姐妹们担心会不会起球　你看嗯哼软毛呢
细毛呢你们担心会不会起球的　听好了我说的话　保证不起球
完全不起球　质量上是挑不出毛病的完美无瑕哈　你可以点点关注
回到家拿你的小气垫梳对着它去刷　现场上播才艺　直接就刷　刷一天两天
3天4天　5天6天　7天你们刷7天　一天刷24个小时
刷起球了直接一个字退　对刷变形了　所有链接直接回来还给我好不好
我在这里保证给大家全额退款　有运费险给到大家　涵涵不是第一天
第二天在抖音卖货了　我们家有老粉都说涵涵　我就等你开播了
我看到好多人卖大有　不敢买因为我担心会起球的　有运费险
有7天物流　我的大衣什么链接能让你穿气球　你回来回来骂我
拉黑我取关　我卖了两个月了　姐妹们这点自信还是有的好不好
这是1号链接　然后呢两个版本　所有女生　听好了所有女生
今天这款1号链接　　常规版和加棉版　　不卖常规版了
加棉一分钱一毛钱不多加　都是特价福利给到大家　过年肯定不会冷的
因为能穿到零下10度左右　你们要加棉版的所有女生　你把识别器打开
来南方北方公屏上回来备注一声"加棉"两个字　来姐妹们听好了　1号链接
好啊今天备注了"加棉"两个字　小姐姐主播同款的内里
咱们今天加棉加量不加价　今天只要在公屏上备注"加棉"两个字
小姐姐后台小程序自动录入　免费升级加棉加厚　但是你没有备注
小姐姐收到货可能是薄款　可能是常规款　你可不要来直播间管我们哦
价格加棉票起来　今天有一个算一个　有单算单了好不好　姐妹们
宝宝们这是我们家加棉内里　3米多的舒美绸　菱格航棉工艺　每一格棉

你们就算不认识面料给你们听声音　　压实到锁死的新长绒棉　　不是丝绵
随便就穿　　脏了你们可以丢到洗衣机里面去洗　　不冲坨不跑棉
上身不带显臃肿的　　我不都不用你们说让我穿加棉版
涵涵直播间你们看的主打真实　　所见即所得　　穿到零下5度　　10度没问题
我穿的就是咱们家加棉版本的好不好　　有运费险　　有7天无理由
这个在1号链接　　我看加棉版是拍完了上一波　　也要今天有
宝子们抓紧时间去抢购一波　　对这一波有多少姐妹要加棉版的
只能再上最后40单　　这个链接就仅剩40单了哈　　加棉不成
我再给你们上一波啊　　姐妹们今天加棉版再给他上一波　　今天清库存
然后呢加棉不加价100来块钱　　再给他上40单　　然后呢开一分钟时间吧
好不好送围巾　　配套同色系围巾送给大家　　然后颜色　　你们谁能拍到
先去拍啊　　上车以后再给他去试穿啊　　有预备险　　有7天无理由
收到货如果说穿的上　　起球了姐妹们　　一个字退　　对因为保证不起球
完全不起球　　收到货以后穿不到零下5度10度的直接回来还给我
来1号链接　　姐妹们早拍早发　　限时限单的名额　　纠结色推荐燕麦色
因为显白　　就这么简单　　卡码全部往小

图7－5所示是两家店铺的信息，大家通过观察看分别有哪些违规。

图7－5　店铺信息

第五步：发现违规直播内容。

根据违规规则与上一步骤提供的文字素材和店铺信息，发现直播话术和店铺中有可能出现的违规内容信息。将发现的违规内容填入表7—2中，并进行分类和分析。

表7—2　　　　　　　　　　　　发现直播违规内容

违规内容	违规形式	违规条例	处罚标准

注：违规内容，包括但不限于话术内容、贴图、主播着装、产品详情、收音；违规形式，包括但不限于文字话术、图片素材、主播行为；违规条例，具体违反了哪条标准条例；处罚标准，就是平台的扣罚原则。

第六步骤：优化直播违规内容。

结合违规内容，把所有违规内容修改成合规内容，填入表7—3中，以便在直播加以改进。

表7—3　　　　　　　　　　　　优化违规直播内容

违规内容	优化后内容

项目任务评价标准及评分表

表7—4为本项目任务评价标准及评分表。

表7—4　　　　　　　　　　　　项目任务评价标准及评分表

项目任务	评分标准	分值	得分
发现直播违规内容	掌握直播间违规和店铺违规区别，对提供的素材做到准确分类	10	
	了解抖音店违规行为，对提供素材中的违规行为准确指出，并讲明违规了哪条规划	5	
	了解平台违规行为，对提供的素材的违规行为准确指出，并讲明违反哪条规则	10	
	熟悉行业违禁词，针对素材中对行业专业名词描述中的违禁词准确抓取，并讲明违规原因	10	
	掌握虚假宣传和夸大宣传的界定标准，准确对直播素材中夸大宣传和虚假宣传指出区别	10	
	每条违规行为描述后面需加上对应的处罚标准和挽救措施	5	

续表

项目任务	评分标准	分值	得分
优化直播违规内容	理解直播内容和想表达的主题,更换直播内容后确实表达内容没有改变	10	
	针对直播间违规行为,给予合理的优化和标准,确保不再违规	10	
	针对店铺违规行为,标明违法行为的处罚措施和补救措施	5	
	针对违禁词,更改替换后,确定话术流畅,粉丝一听就懂	10	
	针对违规营销行为,在不调整营销政策的基础上修改直播话术和动作	10	
	话术、标题、图片、资质等优化	5	

知识准备

无规矩不成方圆,为了保证直播的健康有序,抖音直播平台对主播的行为也有着明确的规范。作为主播,我们需要学习并深入了解这些规则,知道什么样的词语禁止使用,什么样的行为不被允许,以保证我们的直播间长期合规运行,不会受到平台的处罚。

一、规避违禁词

禁语是直播平台为了维护直播秩序,避免出现违规行为而采取的一种措施。如果直播间说了禁语,就可能触犯了平台的相关规定,导致直播被封禁或限制。一般来说,直播间所说的禁语包括但不限于侮辱、谩骂、歧视、攻击等言语和行为,这些言语和行为都违反了社交媒体的使用规定。如果直播间出现了禁语,可能会导致直播被暂停、限流甚至封禁,给直播带来不良影响。因此,直播人员应该遵守直播平台的相关规定,避免说禁语。

(一)广告禁用词

广告禁用词是指平台禁止的违规内容,即使变体表述依旧会被平台判定违规,频繁刻意地用隐晦词进行商品分享,反而存在逃避平台监管之嫌。表7—5中为部分禁用广告用语。

表7—5　　　　　　　　　　　部分禁用广告用语

禁用广告词分类	常见虚假广告宣传及表述
包含"最"及相关词语	最低、最低级、最低价、最便宜、时尚最低价、最流行、最受欢迎、最时尚、最聚拢、最符合、最舒适、最先、最先进、最先进科学、最新、最新科技、最新科学、最新技术、最先进加工工艺等

续表

禁用广告词分类	常见虚假广告宣传及表述
包含"一"及相关词语	TOP1、仅此一家、仅此一次（一款）、唯一、独一无二、一流、全国×大品牌之一、世界×大品牌之一等
包含"级/极"及相关词语	国家级（相关单位颁发的除外）、全球级、宇宙级、世界级、极品、极佳（绝佳/绝对）、极致，顶级、顶尖、尖端、顶级工艺、顶级享受，终极等
包含"首/家/国"及相关词语	首个、首选、全球首发、全国首家、全网首发、首款、首家、独家（未提供依据事实的前提下）、独家配方、全国销量冠军、国家级产品、填补国内空白等
表示权威	全国人大、军队或相应缩写、政府定价等借国家或国家机关或工作人员名称进行宣传；驰名商标、质量免检、无需国家质量检测、国家免检、免抽检等宣称质量无需检测
虚假承诺和高风险诱导	直接选、看到直接选、不用读题直接选等；保值、升值、升值回报、立马升值、投资价值、投资回报等
表示绝对、极限且无法考证	点击领奖、恭喜获奖、全民免单、点击有惊喜、点击获取、点击转身、点击试穿、点击翻转、领取奖品、秒杀全网、大亏特亏、非转基因更安全等
涉迷信宣传	评比、排序、指定、推荐、选用、获奖、无效退款、保险公司保险、不反复、三天即愈、无效退等
与欺诈有关涉、嫌欺诈消费者	根治、比手术安全、包治百病、一盒见效、彻底康复、无副作用、痊愈、立马见效、100%有效、零风险、无毒副作用、无依赖、安全、热销、抢购、试用、免费治疗、免费赠送等
医疗器械、滋补膳食、保健食品	根治、比手术安全、包治百病、一盒见效、彻底康复、无副作用、痊愈、立马见效、100%有效、零风险、无毒副作用、无依赖、安全、热销、抢购、试用、免费治疗、免费赠送等

（二）不提倡的变体表述

这些词都可以正常使用，不属于平台的"敏感词"，无需用不规范表述形式代替，同时平台不提倡使用"某""什么""小"将普通词语间隔开，使用叠词替换正常词语，以及变异词、拟声词、算数题、逻辑推理等变体表述。在口播中频繁使用不规范表述，也会增加消费者的理解成本。如表7-6所示，部分不提倡的变体表达。

表7-6　　　　　　　　　　　　　　不提倡的变体表达

规范用语	不提倡的变体表达	规范用语	不提倡的变体表达	规范用语	不提倡的变体表达	规范用语	不提倡的变体表达
商场	某商某场	烟酰胺	烟某氨	便宜	py	性别	X别
维生素C	维什么C	直播间	Zbj、播播间	对不起	dbq	主播	主bo
点关注	点个小关小注	油痘肌	油d肌	打扰了	drl	购置税	购置s
抖音平台	抖抖平台	潮牌	潮p	分享	fx	推广	推g
牛皮	牛牛的皮	款式	k式	推荐	t荐	护肤	h肤
羊毛	咩咩毛	划算	hs	广告	gg	扫码	扫马
鸭绒	嘎嘎绒	在哪买的	在哪M的	很贵	很跪、很g	消费	消f
纯棉	小绵绵的材料	多少钱	多少Q/米	评论区	plq	工资	工z,g资

续表

规范用语	不提倡的变体表达	规范用语	不提倡的变体表达	规范用语	不提倡的变体表达	规范用语	不提倡的变体表达
100%棉	九九加一棉、百百棉	百万	bw	买一送一	m一宋一	赠送	z送
敏感肌	敏敏肌	福利	fl、浮力	正品	zp	房租	房z

(三)材质规范表述

部分服装材质规范表述如表7—7所示。

表7—7　　　　　　　　　　　服装材质规范表述

常见品类	面料及定义	宣称要求
羽绒服	以纺织机织物或针织面料为主要面料,以羽绒为主填充物的各种服装	填充物为羽绒,且含绒量明示值不得低于50%
混合羽绒被	以羽绒、羽毛为主要填充料,并以各种纺织面料为被壳的羽绒、羽毛被	填充物成分为羽绒、羽毛和其他纤维的混合物,其中羽绒、羽毛所占比例大于或等于50%,且在羽绒、羽毛中含绒量明示值不得低于50%的被类产品
复合羽绒被		填充物成分为羽绒、羽毛和其他纤维,分层、分区分别填充,其中羽绒、羽毛所占比例大于或等于50%。在羽绒羽毛中含绒量明示值不得低于50%的被类产品
羊毛针织品	精、粗梳纯羊毛针织品和含羊毛30%及以上的毛混纺针织品,其他动物毛纤维亦可参照	含羊毛30%及以上的毛混纺针织品,才可宣称为羊毛
皮革	皮革是生皮通过加工、剂变性等处理所获得的一种不易腐烂的天然高分子生物材料,通常用于服饰、箱包、鞋类	(1)皮革产品规范的材质标称方法是"牛皮革""羊皮革",而不是"牛皮""羊皮"。由于传统称呼已被多数消费者接受,故二者可以通用。(2)移膜皮革、剖层皮革材质需要标注"移膜""剖层"字样,不得与头层混淆。(如未标注移膜、剖层等,直接称牛皮的,视为头层牛皮)。(3)鞋类产品规定:使用多种成分复合制成的材料,其中皮革基体厚度不大于总厚度的60%的,不能标注为"皮革"或"剖层(皮)革",可标注为"超厚涂饰皮"或"超厚移膜革"等。(4)背提包和旅行箱包等要求:皮革基体的涂层厚度或覆膜厚度大于皮革基体厚度,不宜单独标注"皮革",可标注为"复合材料"
棉织物	棉织物又称棉布,是以棉纱为原料织造的织物	纯棉/全棉/100%棉:指产品或产品的某一部分完全由棉纤维组成,且纤维含量允差为0(含微量其他纤维的产品除外,当产品中某种纤维含量或两种及以上纤维总含量低于0.5%时,可不计入总量)
麻织物	麻是从各种麻类植物取得的纤维。麻织物是指麻纤维(包括苎麻和亚麻)纯纺织物及其混纺或交织物	常见的麻纤维包括大麻、亚麻、苎麻,其中大麻又称汉麻或者火麻(因大麻具有歧义,平台统一禁止宣称,可用汉麻或者火麻替代)

（四）违禁词常用替换

主播直播时，有些词不得不用，但这些词又被平台列为违禁词，主播可使用替换词。如表7－8所示，常用违禁词和替换词。

表7－8　　　　　　　　　　　　常用违禁词的替换词

原　词	替换词
秒杀	低价秒、喵喵价
代金券	抵用券、抵扣券
元	米
原价	门店价
免费	不花米，到店直接吃
首选	优选、首家
王牌、销量冠军、NO.1、TOP.1	领先
领导	领先、引领、领航、遥领
顶级、一流	精优、优异、尖端、卓著
永久	久远、使用、长时
最优	优异、优良、精良、卓越
所有	悉数、通盘、全数
全网最快	当天发货、闪电发货、无需等待

二、直播间违规行为

（一）违规类型及处罚措施

直播间违规行为的归类及处罚规划见表7－9。

表7－9　　　　　　　　　直播间违规行为的归类及处罚规划

违规场景	具体违规类型 （包括但不限于以下类型）	违规处罚
虚假宣传	价格虚假、效果虚假、功效虚假、材质虚假、效果保证、特殊身份带货、使用广告禁用词、虚假宣传跨境或免税、大小/重量/数量虚假、专利/荣誉/销量/研发单位/效果指数虚假、品种产地虚假、价格不规范描述、虚假促销做法、虚构被比较价格等	情节轻微：警告 情节一般：扣除信用分0.5～4分 情节严重：扣除信用分4～12分 情节特别严重：扣除信用分12分

续表

违规场景	具体违规类型 （包括但不限于以下类型）	违规处罚
违规营销宣传	虚假公益宣传、宣传暗示、不正当竞争、不平等交易、以不确定性方式推广商品、转售跨境商品、无资质营销、违规招募主播、蹭热点、违反行业宣传规范（包括但不限于：违规宣传酒类商品、乳制品违规宣传）、描述不当、推广非约定商品、利用未成年人营销、违反平台报备要求、无资质身份带货、营销人设带货等	情节轻微：警告 情节一般：扣除信用分 0.5～4 分 情节严重：扣除信用分 4～12 分 情节特别严重：扣除信用分 12 分
违规做法	引导私下交易、违规买赠、诱骗秒杀、虚构赠送、虚构促销玩法、低价引流、未使用平台工具、活动信息未在商品详细介绍页面展示、活动信息与实际情况或展示信息不符、私信使用不规范、憋单、快速过款	情节轻微：警告 情节一般：扣除信用分 0.5～4 分 情节严重：扣除信用分 4～12 分 情节特别严重：扣除信用分 12 分
服务未履约	预售商品服务虚假、物流虚假、售后服务不符、承诺未履约等	情节轻微：警告 情节一般：扣除信用分 0.5～4 分 情节严重：扣除信用分 4～12 分 情节特别严重：扣除信用分 12 分
发布不当信息	虚构营销噱头、不良价值观、营造热销假象、演戏炒作、卖惨营销、博眼球炒作、背景使用不规范、过度提高预期、款式/颜色等商品信息不一致、不友善内容、诱导互动、不规范秒杀、不规范用语、品牌不一致、冒充官方名义、未成年不良导向、产地发货地描述不符等	情节轻微：警告 情节一般：扣除信用分 0.5～2 分 情节严重：扣除信用分 2～12 分 情节特别严重：扣除信用分 12 分
低质内容	绿幕抠图、画面颠倒、发布与直播间无关或不一致的信息、未经允许，多个达人（达人账号）发布相同的直播内容、跨平台同时直播，造成用户无法理解或误解信息、与用户缺乏互动或互动体验不佳等情形等	情节轻微：警告 情节一般：扣除信用分 0.5～2 分 情节严重：扣除信用分 2～12 分 情节特别严重：扣除信用分 12 分
引人不适	绿幕抠图、画面颠倒、发布与直播间无关或不一致的信息、未经允许，多个达人（达人账号）发布相同的直播内容、跨平台同时直播，造成用户无法理解或误解信息、与用户缺乏互动或互动体验不佳等情形等	情节轻微：警告 情节一般：扣除信用分 0.5～2 分 情节严重：扣除信用分 2～12 分 情节特别严重：扣除信用分 12 分
色情低俗	举止着装低俗、语言文字低俗等	情节轻微：警告 情节一般：扣除信用分 0.5～2 分 情节严重：扣除信用分 2～12 分 情节特别严重：扣除信用分 12 分
内容作弊	盗播、录播、挂机等	情节轻微：警告 情节一般：扣除信用分 0.5～4 分 情节严重：扣除信用分 4～12 分 情节特别严重：扣除信用分 12 分
作弊行为	以不正当手段获取虚假流量、订单、互动等。在准入申请、活动报名、违规申诉等环节向平台提供不真实的证明材料，以及隐瞒其他平台认为的严重影响平台声誉及利益的违规行为	情节轻微：警告 情节一般：扣除信用分 1～4 分 情节严重：扣除信用分 4～8 分 情节特别严重：扣除信用分 12 分

续表

违规场景	具体违规类型 （包括但不限于以下类型）	违规处罚
侵权行为	冒充他人、不当使用他人著作权/专利权/商标权/肖像权等权利、抄袭搬运、未经授权发布他人信息、因知识产权侵权产生的涉及不正当竞争的情形等	情节轻微：警告 情节一般：扣除信用分2分 情节严重：扣除信用分3.5分 情节特别严重：扣除信用分12分
分享假冒/盗版	分享假冒他人注册商标商品、盗版商品等	情节严重：扣除信用分3.5分 情节特别严重：扣除信用分12分
分享混淆认知的商品	分享或发布造成消费者混淆或产生错误认知的商品或商品信息等	情节轻微：警告 情节一般：扣除信用分2分 情节特别严重：扣除信用分12分
商达合作未按约定履约	商达合作未按约定履约	情节轻微：警告 情节一般：扣除信用分0.5~2分 情节严重：扣除信用分2~12分 情节特别严重：扣除信用分12分
消极服务	对消费者所提出的合理消费咨询及反馈，不回应、回复态度差、无故禁言/拉黑用户的行为	情节轻微：警告 情节一般：扣除信用分0.5分 情节严重：扣除信用分2.5分
分享违禁商品/信息	分享《发布违禁商品/信息实施细则》中所标注的商品	情节严重：扣除信用分1.5~12分 情节特别严重：扣除信用分12分
不良行为	吸烟喝酒类、破坏环境类、浪费资源类等	情节轻微：警告 情节一般：扣除信用分0.5~2分 情节严重：扣除信用分2~12分 情节特别严重：扣除信用分12分
危及消费者权益	在分享商品、服务或交易过程中，出现大量损害消费者体验或导致消费者权益受损的情况，或有导致消费者体验或权益受损的趋势	情节轻微：警告 情节一般：扣除信用分0.5~4分 情节严重：扣除信用分4~12分 情节特别严重：扣除信用分12分
重大违规行为	发布重大违规内容 (1)违反对宪法确定的基本原则； (2)危害国家统一、主权和领土完整； (3)泄露国家秘密、危害国家安全或者损害国家荣誉和利益； (4)煽动民族仇恨、民族歧视,破坏民族团结或者侵害民族风俗、习惯； (5)破坏国家宗教政策,宣扬邪教、迷信； (6)散布谣言,扰乱社会秩序,破坏社会稳定； (7)宣扬赌博、暴力、凶杀、恐怖、色情、欺诈或者教唆犯罪； (8)煽动非法集会、结社、游行、示威、聚众扰乱社会秩序； (9)发布含有法律、行政法规和国家规定禁止的其他内容	扣除信用分12分

（二）违规情节说明

1. 违规情节轻微

包括但不限于：部分违规场景的首次违规；造成消费者或商家体验损失，未造成实质损害的非故意违规；其他在具体违规细则下有特殊说明的情形。（说明：分享禁售商品、重大违规、分享假冒商品等行为除外。）

2. 违规情节一般

包括但不限于：造成消费者或商家体验实质损害，但影响较轻，未产生恶劣影响；多次出现情节轻微的违规；少量消费者或商家投诉；对平台造成或可能造成一般影响的实际损失或不良影响（包括但不限于：平台声誉受损、危及交易安全）

其他在具体违规细则下有特殊说明的情形。（说明：分享禁售商品、重大违规行为、分享假冒商品等行为除外。）

3. 违规情节严重

包括但不限于：对消费者或商家造成人身安全、财产损失的损害；大量消费者或商家投诉对消费者或商家体验造成实质损害的；违规性质恶劣，规避平台处罚；分享禁售商品、假冒商品；对平台造成或可能造成较大影响的实际损失或不良影响（包括但不限于：平台声誉受损、危及交易安全）；多次情节一般的违规行为或大量情节轻微的违规行为；其他在具体违规细则下有特殊说明的情形。

4. 违规情节特别严重

包括但不限于：违规情节恶劣，恶意规避平台处罚；对消费者或商家造成严重的人身安全、财产损失的损害；极大量消费者/商家投诉，造成恶劣影响的；分享影响重大或性质恶劣的禁售商品、假冒商品；存在重大违规行为；对平台造成或可能造成严重影响的实际损失或不良影响（包括但不限于：平台声誉受损、危及交易安全）；多次情节严重的违规行为，或大量情节一般、轻微的违规行为；其他在具体违规细则下有特殊说明的情形。

更多详细规则可以查看抖音电商学习中心。

三、直播行业"黑话"

直播行业"黑话"是指随着直播行业的发展衍生出的直播行业的专业术语，在各行各业中，为了提高沟通的效率，体现从业人员的专业性，往往需要学习行业的"黑话"，也就是行业的术语。作为成长期主播，我们先从直播间数据和运营方面来了解直播行业的"黑话"。

（1）GMV。指交易总额（Gross Merchandise Volume）。

（2）客单价。平均每个顾客的成交额，计算方法是：客单价＝GMV÷直播间有消费的观众总数。

（3）商品点击次面数。商品展示给观众之后，观众实际点击商品的次数，也就是观众点击商品进入商品详情页面的次数，反映了商品展示以及商品、价格等对于观众的吸引力。

（4）转化率。指直播间成交的订单数量和进入直播间观看的人数的占比，是直播间重要指标之一。其中，自然流量转化率＝通过自然流量产生的订单数÷自然流量观看数。自然流量转化率剔除了付费流量的影响，仅针对直播间自然流量产生的转化进行评估，最能反馈直播间"硬实力"。单品转化率为后期选品、排品提供参考。而整体转化率则影响后期抖音平台是否给直播间推自然流量。

（5）粉丝转化率。也叫"转粉率"，是直播间期间转化新粉的能力，体现的是直播间人、货、场对于陌生观众的吸引力。转粉率＝新增粉丝÷观众总数。

（6）平均停留时长。在所有的互动指标中，停留是最基础的，也是最重要的，因为所有数据的产生都必须以停留为前提。

（7）互动率。包括评论、点赞、关注、加粉丝团、分享等，其中评论大于点赞，但又弱于关注、粉丝团、分享。

（8）直播广场。是理论上可以看到所有主播直播间封面的系统展示页面，是抖音APP直播板块的主页面。

（9）SKU。库存量单位（Stock Keeping Unit），原意是库存进出计量的单位。现在SKU是指产品统一编号的简称，每种产品均对应有唯一的SKU号。也就是说，一个SKU指一款同色同款同品质同规格的单品。如果一款产品有3个颜色，那就相当于3个SKU。

（10）小黄车。抖音直播间三大转化组件之一。抖音直播间的购物功能，走商品橱窗体系。主播在直播间添加售卖商品后，直播间观众会看到"小黄车"，点击可查看并购买商品。小黄车直播的商品购买一般没有地域限制，全国范围内都可以购买。

（11）抖音小店。是抖音电商为商家提供的带货平台，类似淘宝店铺的性质。店铺开通后，可以在头条系的其他应用中统一展示店铺，如头条、抖音、火山等。粉丝可以分别在这些平台进行购物，完成一个闭环。目前仅允许企业商家入驻（有限责任公司、个体工商户），抖音暂时不支持以个人身份证开设店铺。［提示：抖音小店开通后如果申请关闭，需要自关闭后180天（6个月）后才能再次申请注册。］

（12）起号/冷启动期。是指从0到1，启动一个直播间，并使其能稳定卖出去东西的过程。一个新账号开播时，会发现前几场直播的流量很少，并且这些流量质量很差。因为这是一个新直播间，系统不会把优质流量匹配到一个能力未知的直播间。初始期平台只会推送泛流量，泛流量的特征就是非精准用户人群。冷启动期系统正在学习什么样的人群会在你这里停留，什么人会购买。如果在这个阶段我们能够通过系统给的推流或者通过采选购买的精准流量，让这部分流量在我们的直播间产生停留和购买成交，那么这个时候系统才会逐步给直播间打上清晰的标签。

(13) 拉时长。直播拉时长是指通过延长直播时间，吸引更多流量进入直播间产生消费。拉时长需要前提条件，在线人数要相对保持均衡稳定、主播状态良好以及有足够的引流款商品。免费流量的直播间，随着时间的拉长人数会越播越少，这个时候一定不要去拉时长，因为平台会对每场直播的在线人数计算出一个平均数据，数据越差，下一场的流量就会有所下降。

(14) 控评。指控制直播间评论区话风。一般主播或运营会提前设置屏蔽一些负面关键词，引导直播间的良性互动氛围。在设置屏蔽词后，观众发评论涉及屏蔽词的，该评论仅能自己看到，直播间其他观众看不见。

(15) 直播"黑五类"。药品、医疗器械、丰胸、减肥、增高这几种产品统称为黑五类产品，是被抖音平台严禁售卖的。

(16) 粉丝团。观众对品牌或主播感兴趣可以加入账号的粉丝团。主播可以自定义粉丝团名称。观众点击直播页面中位于左上角头像下黄色的标识就可以加入粉丝团。加入粉丝团需要支付0.1元。加了粉丝团后观众名字前方会带有所在账号的粉丝团标签，可以通过累积亲密值提升等级。

(17) 亲密值（粉丝等级）。用户所在的粉丝团等级的升级需要提升亲密值，亲密值是通过一些任务完成提升的，如观看时长、给主播送礼等。

(18) 粉丝团特权。品牌或主播可以设置加入粉丝团后，不同粉丝等级拥有不同的权限，如某些粉丝礼物需要达到一定等级才可以赠送等。

(19) 福袋。直播间重要的工具之一，分为自定义福袋和普通福袋。自定义福袋支持自定义奖品，由主播发起福袋时填写奖品名称即可，需要报白才能使用；普通福袋为抖币福袋，仅支持发放抖币，无需报白可以直接使用。直播一天最多发10次福袋，零点以后发的福袋计入第二天次数，未通过审核的福袋也计入次数；福袋的主要作用是拉粉丝停留，提升直播间人气。福袋的获得方式是"抽"，也就是粉丝参与主播发起的福袋后系统会在满足条件的粉丝中随机挑选幸运粉丝。同一个账号、同一个手机号、同一个设备或同一个提现账户，均视为同一个用户，仅能在福袋游戏中获得一次参与资格。福袋和红包不同的是只能主播发出，且主播可以设置福袋的门槛，如加入粉丝团、增加评论等。

（20）直播间管理员。运营可通过操作将相关账号设置为直播间管理员，管理员可协助进行粉丝管理，如对调皮的粉丝实施拉黑、禁言等，也可以在直播间发送飘屏。

（21）憋单。就是将一款特别吸引人的商品，以非常吸引人或非常低的价格挂在小黄车，主播通过自己的话术，不断去营造这个福利活动的真实性，以及马上会开款的紧张感，但却迟迟不给上库存的行为，从而把想薅羊毛的用户"憋"在自己的直播间。憋单的核心逻辑是：通过营销手段将观众留在直播间，提升停留时长，拉高在线人数、形成互动氛围，增加直播间的流量权重，为后续直播间的爆单奠定基础。用于憋单的商品一般是店铺内点击率比较好的高转化商品，很多人有兴趣，更适合抖音直播"憋单"。憋单要让粉丝感到随时可能会放库存，同时又需要拉长压、慢节奏，拉长直播间观众的停留时长，所以要求主播话术要过关。但是憋单时间也不能太长，控制在5～6分钟就要放单，否则观众会有上当受骗的感觉，不利于下次的开播。

（22）逼单。就是在直播商品开价之后，为了促使犹豫期的观众尽快下单购买，主播通过话术营造该产品价格、数量等的稀缺性，以及时机的短促性，让观众产生购买时机的紧迫感，从而促使观众马上下单购买的营销行为。逼单的本质是"促成交"，提高直播间转化率。逼单需要解决观众"为什么买、为什么今天一定要买、为什么一定要在我直播间买"的疑虑。常用逼单方法有：卡库存、倒计时、不断口播商品销量、对比活动力度等。

项目八 突破"瓶颈"

项目任务操练：分析行业头部主播 制订自我提升计划

经过几个月的日常开播，新主播对直播话术和直播镜头感也越来越熟练。但是现在主播们也遇到了比较大的直播困境。不管自己如何努力，直播的 GMV 就是涨不起来。越播越怀疑自己的能力，造成自己最近直播过程中有不少困扰。如何从数据中发现问题，获得成长？如何从其他优秀主播的成长经历中获取经验？本项目主要是通过分析行业头部主播的数据，提升主播的业绩。

项目任务书

项目八任务书的内容见表 8—1。

表 8—1 项目八任务书

理论学时	2 课时	实操学时	4 课时
知识目标	(1)主播能力数据化 (2)主播数据优化流程和方式 (3)合理看待主播数据的客观性		
技能目标	(1)主播个人数据分析，挖掘直播内容存在的问题 (2)掌握对标主播或账号的学习技巧		
素养目标	(1)控制情绪，面对任何无数据的直播以饱满的状态完成直播 (2)调整压力，能够以客观的角度分析自己每场的直播数据背后的原因并加以修改		
项目任务书描述	(1)自我直播数据分析表 (2)自我成长规划 PPT		

续表

理论学时	2课时	实操学时	4课时
学习方法	(1)动手实践 (2)对标账号学习		
所涉及的专业知识	(1)如何渡过直播数据瓶颈期 (2)如何渡过直播疲惫期 (3)如何学习对标直播间		
本任务与其他任务的关系	本任务为第一个关于主播职素提升的任务,重点要让主播掌握控制情绪、释放压力的技巧。任何新主播,刚刚上岗都是各种状态百出。克服情绪,持续保持状态,就是本次目标任务的重点		
学习材料与工具	对标直播间1间		
学习组织方式	全部流程以小组为单位组织,完成整个作业的所有内容		

项目指导书

完成本项目的任务基本路径见图8—1。

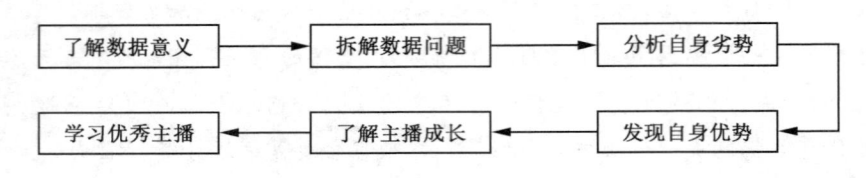

图8—1 完成任务的基本路径

第一步:了解数据意义。

作为主播,直播数据是最能直接反映主播能力的一种客观评价方式,主播的等级和薪酬都是参照直播数据评定的。但是在很多时候,一场直播数据的好坏,又和运营、供应链等有很大的关系,单独的以数据为考核指标,又显得过度的单一。所以作为主播,数据的好坏是评价主播能力的一种标准,但是不是评价主播能力的唯一标准。

第二步:拆解数据问题。

想做好拆解数据问题,我们就要了解直播大屏上所显示的数据意义。作为最专业的直播平台,抖音直播大屏中有基础版和专业版,中间包括基础流量数据以及深度成交数据,还有单独的商品数据。如图8—2所示,是一个直播大屏,这么多数据,应该如何下手?

在整个数据后台,不要被直播间成交金额带偏,也不要被一群密密麻麻的数据扰乱思维。我们通过数据分析自己能力的时候,需把握三个环节:首先,消费者从曝光界面进入直播间;接着,消费者进入直播间后产生了互动行为;最后,消费者互动完后

图 8—2 直播大屏

完成了下单动作。然后再从这三个环节中去思考,每一步环节据上升或下降的原因可能存在哪些。

(1)观众从曝光界面进入直播间:观众站外"门外"不进来,一般就两个原因:①内容和消费者需求不匹配;②匹配上了,但是画面或者主播讲解的不好。所以这个环节要通过判断曝光人群是否一致来看是不是主播能力。

(2)观众进入直播间后的互动行为。停留、点赞、评论、加粉都是互动行为。观众为什么不在直播间互动。这个时候无非也就是两个原因。①压根就不想互动,只想买完东西走人。②观众愿意互动,但是直播间的内容包括主播话术和产品福利等无法满足观众互动。

(3)观众互动完后完成了下单动作,这时要客观地分析 GMV、客单位支付转化率。

判断数据好坏,最简单的方式就是对比法。①和之前数据对比;②和行内优秀直播间对比。这是最好的方式,通过比较和分析,才能发现自己的问题和不足。如表8—2所示,新主播可将自己的直播数据与同行优秀水平比较分析。

表 8—2   主播数据拆分表

环节	数据类型	个人数据	同行优秀水平	原因分析
观众从曝光界面进入直播间	曝光进入率			

续表

环节	数据类型	个人数据	同行优秀水平	原因分析
观众进入直播间后产生了互动行为	停留时长			
	互动			
	加粉			
观众互动完后完成了下单动作	GMV			
	客单价			
	支付转化率			

注：可以使用考古家数据工具，考古家链接：https://www.kaogujia.com/。

如图8-3所示，考古家能看到行业优秀直播间的数据，新主播可与自己的数据比较。

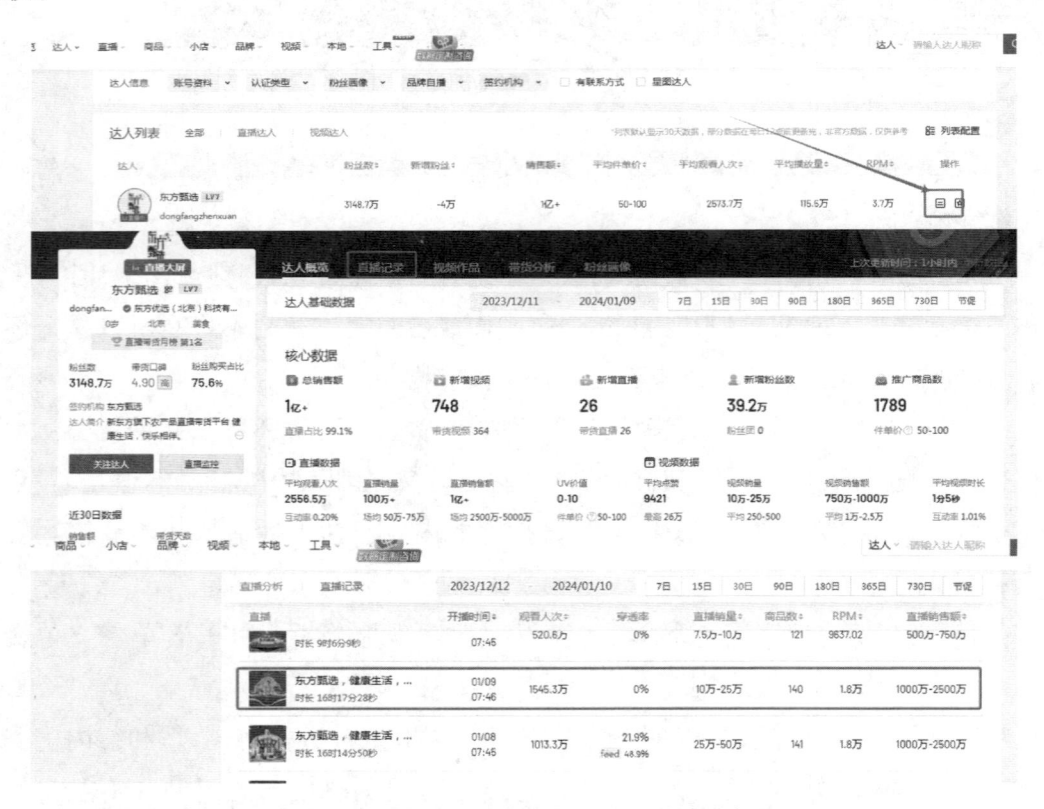

注：考古家是3天免费会员期，注册领取完会员后，就早点完成任务。

图8-3 考古家数据工其界面

第三步：分析自身劣势，发现自身优势。

要想做好个人的成长规划，就要做好自我分析。在常用的自我分析方法中SWOT就是高效、便捷的一种方式，就是分析自身的优势、劣势、机会、威胁。（1）优势分析。优势是从自身寻找的,如自己的兴趣爱好、专业知识、性格、做事态度、人际关系等。(2)同优势分析同样,从这些方面可以进行分析。(3)机会分析。来自自己现在所处的环境,是对外部环境的机会的分析。环境机会是指所处环境利于自己提高的方面,比如外部环境中,良好的学习氛围,超高的做事效率,可以随时学习、接触最新及技术等。(4)威胁分析。来自自己现在所处的环境,对外部环境的威胁的分析。

第四步:了解主播成长路线,设计自我成长规划。

关于主播的职业发展,主播具备的技能是多种多样的,也可以应用在除主播岗位之外的其他一些岗位上。作为主播,首先表达谈判能力肯定首屈一指,其次就是产品销售能力,最后对产品话术的设计包装,应该也是手到擒来。

对于主播来讲,成长分为垂直成长和横向成长。垂直成长指的就是在主播这条路上从初级主播到高级主播到大牌直播间主播再到形成自己的粉丝群,做个人 IP。横向成长指的就是从主播做起,达到某种水平后,专做中控,再从中控转岗到运营,最后可以实现自己的创业梦。所以不管是横向成长还是垂直成长,关键是要找准自己的优劣势,然后设计适合自己的发展路线。

第五步:学习优秀主播。

我们可以通过数据来判断哪些是优秀主播我们可以跟播学习,一边看着数据大屏,一边看优秀主播实时画面,根据数据的走势去拆解主播直播内容,通过内容去推断主播某条直播内容推送的数据变化。表 8—3 是跟学记录表。

表 8—3　　　　　　　　　　　跟播学习记录

产品	在线	成交金额	直播内容			内容分析
			主播话术	直播动作	中控配合	

注:跟播工具同样可以选择考古家。

项目任务评价标准及评分表

表 8—4 为本项目任务评价标准及评分表。

表 8—4　　　　　　　　　　项目任务评价标准及评分表

项目任务	评分标准	分值	得分
主播数据拆分表	掌握主播数据的统计计算能力，自我平均数据计算100%准确	5	
	学会应用数据工具查看同行优秀参数值，对标数据为同行最优秀账号近30天数据	10	
	了解每个数据背后的影响因素，推断的主播原因分析思路全面，逻辑清晰	10	
	主播个人原因分析中，有做到同行其他因素对标，描述原因内容多元化	10	
	描述个人原因未来优化后可能产生的结果	10	
跟播学习记录表	掌握考古家工具使用，记录数据和内容做到准确率100%	10	
	结合数据走势和直播内容，合理推断每一次数据增长时，哪条直播内容打动用户	10	
	了解数据走势原因，对主播话术核心观点进行总结归纳	10	
	描述中控配合动作和话术，分享每一个动作和话术刺激消费者的哪一个痛点	10	
	熟悉直播间流量走势，针对在线人数和成交金额，能够结合前5分钟的数据分析结论	10	
	跟播记录表内容包含整场直播间所有货盘信息	5	

知识准备

一、如何度过直播数据"瓶颈"期

为什么突然不涨粉丝了？为什么成交量数据不再增长？为什么直播间总是几个老粉丝在活跃？如果出现这种情况，主播就进入人们常说的"瓶颈"期。

那么，如何度过数据"瓶颈"期呢？如图8—4所示，我们就从五个方面突破数据"瓶颈"期。

- 01 找准定位
- 02 扬长避短
- 03 提升自己，优化自己
- 04 占据粉丝空间与时间
- 05 尝试冲击直播平台排行榜

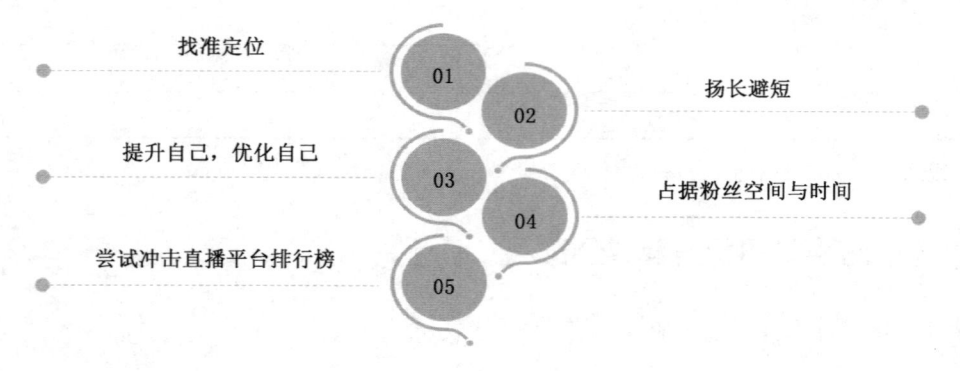

图 8—4　突破数据"瓶颈"期方法

（一）找准定位

无论是企业还是个人，如果没有找到没有适合的定位，想要成功则是很难的，作为一名主播也是如此，须结合自己的兴趣，确定自己的定位，根据这个定位培养自己的亮点，并且打造差异化优势。

（二）扬长避短

在个体层面上，每个人都有其独特的优点和不可避免的缺点。主播也是一样，需要学会扬长避短，强化自身优势，同时设法弥补或规避缺点，这需要经过持续不断地实践与磨炼。

（三）提升自己，优化自己

主播遭遇"瓶颈"期的根本原因在于，其未能持续地进行自我提升和优化。为了打破这一困境，主播可以尝试采用不同的直播方式，以改变原有的观念，并运用新的直播技巧来提升和优化自己。

（四）占据粉丝的空间和时间

曝光效应告诉我们，人们会偏好自己熟悉的事物，见到某个人的次数越多，就越觉得此人招人喜爱、令人愉快；反之，就会觉得格格不入，甚至反感，无法很好地融入。

因此，为了增强与粉丝的互动和黏性，主播除了在直播中与粉丝进行互动外，还需要积极参与到粉丝的社交网络中。如主播可以通过抖音短视频互动、回复后台留言等方式与粉丝进行交流。通过这种方式，主播可以更好地了解粉丝的需求和反馈，同时也可以增加粉丝对主播的依赖感和忠诚度。

（五）尝试冲击直播平台排行榜

目标的价值在于聚焦能量和引发行动。当主播面临"瓶颈"期，感到迷茫和无助时，设立一个明确的前行目标，如冲击直播平台的排行榜，是一个有效的突破方案。主播可能会觉得进入排行榜是一项艰巨的任务，但实际上，只要具备坚定的决心并付出相应的努力，上榜并不像想象中那么遥不可及。勇于挑战，给自己定一个目标，并向目标不断冲刺，是实现个人突破的关键。

实例

小张是一名大三学生，通过一次偶然的机会，接触到电商直播，并开始了自己的直播带货生涯。然而，在经历了初期的火爆之后，小张的直播间流量开始下滑，进入"瓶颈"期。如何突破"瓶颈"呢？小张通过分析后台数据，发现自己的观众主要集中在20~30岁的年轻女性，于是他针对这一目标群体直行了一系列改进。(1)精选了一系列符合她们消费习惯和兴趣的产品。(2)在微博、抖音等社交媒体平台积极发布与产品相关的有趣内容，吸引目标群体的关注。(3)他运用短视频和直播等形式，展示产品的特点和使用效果,提高用户购买的欲望。(4)在直播过程中通过设置抽奖、问答等方式,提高粉丝参与度。(5)积极收集粉丝的意见和建议,对直播内容和产品进行有针对性的调整。(6)为了避免观众产生审美疲劳,小张不断学习对标直播间,在直播内容上进行创新。他尝试引入了游戏互动、才艺表演等多种元素,使直播间更加丰富多彩。

二、如何度过直播疲怠期

当直播处于疲怠期时,我们需要深入了解其背后的原因。首先,主播可能面临长时间的直播工作,导致其缺乏新鲜感和激情;其次,粉丝的互动和反馈可能逐渐减少,使主播失去动力;最后,主播可能面临个人生活和工作的压力,导致其无法保持良好的心态进行直播。因此,要解决直播疲怠期问题,我们需要从根源上分析并采取相应措施。如图8-5所示,处于疲怠期的主播。

图8-5 处于疲怠期的主播

(一)转移注意力

主播在面对直播的疲怠期时,可以尝试转移注意力,做一些自己感兴趣的事情,以缓解低落的情绪。这不仅可以提高主播的积极性和热情,还有助于重新点燃其对直播的热爱。通过调整心态和寻找新的直播灵感,主播可以克服疲怠期,提升直播的质量和观众的参与度。

(二)接受自己的不完美

除了转移注意力外,主播还需要关注和管理因疲惫引发的负面情绪。在直播过程中,主播会遇到各种各样的人和事,有人喜欢你,就一定会有人不喜欢。不要因为他人态度而产生负面情绪,负面情绪往往源于对某些事情可能带来不良后果的担忧,如担心粉丝因为所谓的"黑料"而不喜欢自己,害怕粉丝不再来直播间等。实际上,这些担忧可能并非真实存在,主播需要勇敢地面对并克服这些恐惧。人无完人,我们必须学会接受自己的不完美。主播需要意识到,自己的价值和魅力不仅取决于外表或粉丝的喜好,更在于自己的内在品质和努力。通过不断的学习和成长,主播可以逐渐克服负面情绪,展现出更加自信和有魅力的自己。

(三)寻找行业榜样

疲惫期的你,需要一条"鲶鱼",而同行就是最好的老师,寻找适合自己的对标账号。这些对标账号可以作为学习和提升的榜样,为主播注入活力,刺激主播不断进步、前行,帮助主播更好地掌握行业趋势、提升专业技能和优化直播策略。通过观察和分析对标账号的运营模式、内容创作、互动方式等,主播可以从中汲取灵感,不断完善自己的直播表现,从而突破"瓶颈"。

三、如何学习对标直播间

在学习对标直播间的过程中,我们需要注意以下问题:

(一)不要找大账号进行对标

找对标账号的目的,一是学习他们直播带货的技巧和经验;二是超越。像董宇辉、罗永浩这样的头部主播的直播间,对于普通主播来说可能不具备太大的参考价值,因为他们的知名度本身就较高,即使他们在直播中不进行过多的推销,仅仅展示产品信息和价格链接,也能吸引大量观众进行购买,这样的规模普通主播现在还达不到。

为了在直播带货领域取得更好的成绩,我们前期需要积累相关的经验,学习如何吸引观众、推销产品以及提高互动质量等方面的技巧。在寻找直播带货的对标账号时,我们需要首先分析自己在该领域的水平和所处阶段,并选择那些略高于自身水平但并非遥不可及的账号作为对标对象。这样,我们就可以通过不断学习和努力,逐步提升自己的能力,积累更多关于直播带货的经验和技巧。通过与优秀对标账号的比较,我们可以发现自己的不足之处,并从中汲取灵感和知识,以实现更好的成长和发展。

(二)找和自己账号产品或风格类型相似的账号

在抖音平台上进行直播带货,"兴趣电商"是一个非常重要的概念。由于人群标签会实时变动,为了获取更精准的流量关注,我们需要选择与自己产品或风格相似或相近的对标账号。这样能够确保粉丝用户的兴趣标签与我们的目标受众相匹配,从而提高流量转化率和带货效果。通过与相似对标账号的比较和分析,我们可以更好地了解目标受众的需求和喜好,并优化自己的直播内容和策略,以吸引更多潜在观众的关注和购买。

(三)找粉丝少但直播间人流量多的账号

关注粉丝数量较少但直播间人流量较大的直播间,往往意味着这些账号在直播带货方面具备丰富的经验和技巧。通过观察这些直播间的场景搭建、人设打造、主播话术、选品、排品和优惠力度等方面的表现,我们可以学习到更多实用的经验和技巧,进而提升自己的直播带货能力。

在寻找对标直播间时,我们应该注重学习其精髓,而不仅仅是模仿。单纯的模仿无法帮助我们真正成长,更难以吸引观众的关注。所以,我们需要根据自己直播带货的具体情况进行优化提升,将所学知识融入自己的直播策略中,创造出一套适合自己的方法论,这样才能更好地提升直播带货水平。

第三阶段　精进发展期 7—12 月

学习目标

在第 7 至 12 个月,我们已迈向直播带货领域的精进发展期。在前期的基础上,我们将迈入更复杂、更具挑战性的阶段。

在这一阶段中,我们将学习包括打造主播专属人设 IP、打造主播爆款短视频、达人主播的临场应变等关键议题。通过完成上述学习目标,我们将在精进发展期全面提升自身直播带货的专业水平与执行力。

项目九 打造主播专属 IP 品牌

项目任务操练：创立人设标签 设计达人直播五件套

随着我们在主播岗位上不断成长，大部分主播在品牌直播间都已经逐渐有了一批自己的忠实粉丝。作为主播，每个人的梦想肯定都想成为像"董宇辉"一样的知名 IP，拥有一批自己的专属粉丝，然后围绕着自己的粉丝，做一些适合粉丝且自己喜欢的商业行为。那么我们如何迈开 IP 打造的第一步。

项目任务书

项目九任务书的内容见表 9—1。

表 9—1　　　　　　　　　　　　项目九任务书

理论学时	2 课时	实操学时	4 课时
知识目标	(1) 了解 IP 形成的过程和原因 (2) 具备用户思维，能够结合用户想法去设计自身标签		
技能目标	(1) 了解达人打造的流程步骤 (2) 掌握 IP 打造的方法技巧		
素养目标	(1) 建立正确的网红三观，走正确的 IP 打造之路 (2) 了解 IP 对于社会存在的价值，合理利用粉丝经济		
项目任务书描述	完成个人五件套设计		
学习方法	(1) 动手实践 (2) 对标账号学习		

续表

理论学时	2课时	实操学时	4课时
所涉及的专业知识	（1）达人主播的思维模式 （2）达人主播的打造方法 （3）达人主播的成交技巧 （4）达人主播的数据优化		
本任务与其他任务的关系	本任务作为课程的第三个阶段的第一个任务，对比前期整体的技能，发生了很大的改变。之前做的任何项目为甲方销售。现在我们要做的是为自己树立 IP，发掘自身优势		
学习材料与工具	对标账号若干		
学习组织方式	全部流程以个人为单位组织，完成整个作业的所有内容		

项目指导书

完成本项目全部任务的基本路径见图 9—1。

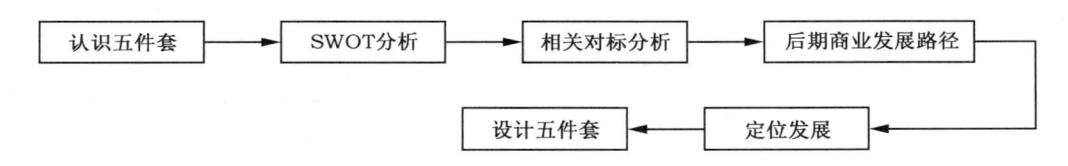

图 9—1 完成任务的基本路径

第一步：认识五件套。

（1）抖音头图/背景。你可以理解为"免费"的广告黄金展位，而且是大面积曝光且置顶的。可用于展示实力、解决信任背书、精准定位、强化人设或产品、线下引流等。

（2）抖音头像。企业账号可以放品牌 Logo 或者商品，个人最好放真实形象照，让观众加深对你的记忆。

（3）抖音名称。企业号的取名需跟企业有关联且更换名称有限制，改名需要严格审核。

（4）抖音简介。这是一个很好介绍自己的地方，可以放上你的故事、成绩、价值观、联系方式、价值、活动说明、预告、商务联系、引流变现等。

（5）抖音视频封面。一个好的封面可以引导观众更快了解视频的主题，并知道其是不是感兴趣，所以封面一般起到索引、查找、预告的作用。如图 9—2 所示，部分优质抖音直播间封面。

图 9—2　部分优质抖音直播间封面

第二步：SWOT 分析。

SWOT 分析是一种战略规划工具，适用于绝大多数场景。如表 9—2 所示，主播可用 SWOT 分析规划职业方向。

表 9—2　　　　　　　　　主播可用 SWOT 分析规划职业方向

优势	劣势
个人擅长点，如性格优势、技能优势、家庭优势、成长优势都算。如学过播音的同学，做口播成功的可能性就大一点。家里本身做生意的同学，借助家里的供应链，创业更具备优势	和优势相反，就是别人有，我们没有，或者自己想做的事本身不擅长。如自己想做服装达人，但是自己不擅长穿搭
机会	威胁
机会可以理解为行业机会或者是身边的学习工作机会。如本身就是专升本特别优秀的学生，刚好目前专升本的同学又很多，就可以打造优秀专升本学姐 IP	威胁分为直接威胁和间接威胁。如自己想做一个会摄影的博主，目前各种摄影工具很完善，甚至未来 AI 摄影都有可能压缩一些艺术摄影的市场，这就是威胁

第三步：相关对标分析。

做对标分析，首先我们得会找到对标账号。那么哪些才是我们的对标账号呢？我想做服装 IP，就必须对标服装账号吗？我想做音乐人设，就必须对标音乐账号吗？

直接对标非常容易产生差异化，差异化对标或者是跨行业对标才是我们学习的思路。如遇见"图图妈"，一个做孩子教育的账号（见图 9—3），贯穿全部年龄段的孩子教育相关知识点。在五件套中直接立了 2 个标签：北大硕士和二胎妈妈，直接表述自己身份，拉近与用户距离。

做影视剪辑的账号，经常会用的一种封面设计，如图 9—4 所示。

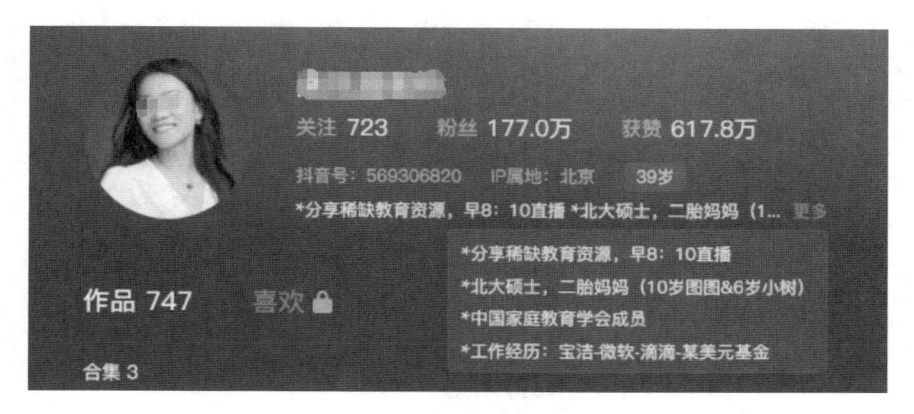

图9—3 "遇见图图妈"的抖音账号封面

图9—4 某影视剪辑账号封面

我们可以看到,只要是想形成IP账号,大家都会在基础的五件套上下功夫。所以IP打造第一步就是五件套设计。

第四步:商业发展路径。

主播发展路径主要分为两类:第一类就是一直做主播,从普通主播做到高级主播,再借用品牌流量打造自己的名气,最后形成个人IP。第二类种是主播有了一定的知名度后,首先从主播岗转到运营岗,再通过运营去创建自己的运营公司,最后形成运营团队。

第五步:定位发展。

了解完账号定位和商业定位之后,就是要设计主播的账号定位了。自己的账号定位首先单点就是用什么样的形象去做什么样的内容,其次,想获取什么样的粉丝,最后是如何变现方式。

如一个擅长搞笑的学生,可以走搞笑短视频路线,获取一批活跃年轻粉丝,最后通过给某个年轻用户品牌做品牌宣传或做年轻观众的带货。

第六步:账号五件套设计

账号五件套设计可参照表9—3。

表9—3 账号五件套设计方案

名称	具体方案	设计思路
昵称	(3~5字)	
简介	(熟悉审核技项,确保简介描述中无审核不通过的内容)	
头像	(方图)	
封面	(竖图)	
背景图	(横图)	
SWOT分析	(涉及相关数据时,需表明数据来源,确保数据真实性)	
对标账号分析	(3~5个,可以是直接对标账号。也可以是相同类型的账号)	
个人账号定位	(表明自己想做什么、为什么这么做、这么做有什么优势)	
商业发展路径	(有发展步骤拆解,每一步精确到什么时间做什么事情)	

注:表中括号内的文字是填写说明。

项目任务评价标准及评分表

项目任务评价标准及评分表见表9—4。

表9—4 项目任务评价标准及评分表

项目任务	评分标准	分值	得分
五件套设计	了解五件套设计标准,所有图片比例严格按照抖音官方标准	5	
	熟悉抖音个人简介审核技巧,确保简介描述中无审核不通过的内容	10	
	掌握背景图设计技巧,在个人背景图设计中,体现账号内容,引导用户关注	10	
	头像设计有寓意,昵称和头像之间相关关联,禁止直接使用表情包头像	10	
	封面图设计需考虑到一致性和复制性,确保视频大量发布会能够形成模板化	10	
	昵称设计控制在3~5字之间,禁止用繁体字	5	

续表

项目任务	评分标准	分值	得分
自身对标分析及定位设计	掌握自我分析方式,在定位设计中有结合分析对标内容展示	10	
	SWOT 分析内容客观、真实,相关趋势必须有数据等相关证明	10	
	对标分析不低于 2 个,分别为直接对标和间接对标	10	
	对标分析过程中,能够在分析完别人的定位和优势后,设计出与众不同的自身定位	10	
	个人定位设计过程中,有关于未来 IP 实现的步骤安排	5	
	掌握达人变现的多种路径,在商业变现设计中有变现方式描述和变现时间确定	10	

知识准备

一、达人主播的思维模式

(一)用户思维

用户思维就是以用户视角做内容。在做账号的时候,首先,要想清楚自己的用户是谁、他们喜欢看什么,搞笑的？知识类的？情感类的、年龄分布、地域分布等。想清楚这些,我们才能反过来定义我们的账号人设。其次,打造人设的核心就是要有自己独特的标签,比如薇娅的"邻居大姐姐",甚至是一些独特的口头禅,李佳琦的"所有女生"。要记住,有差异才有可能破圈。最后,需要在自己的头像、名字、详细资料方面突出丰满自己的人设。

直播变现也不一定追求在线人数多,更应该注重留住自己想要的用户。先要想怎么留住用户,让用户信任你,留住用户的时间,接下来才能顺利地带货；才有转化的可能。所以直播要站在用户的立场,打造用户喜闻乐见的定位和内容；要站在用户的立场思考产品,以用户的思维宣传产品的卖点、使用场景等；维护用户的利益,而不是去薅羊毛,实现双赢；持续换得系统的推流,成长为一个拥有数量大、黏性强、转换率高的粉丝群体的达人主播。

(二)场景思维

抖音上的购物不像淘宝等电商平台那样有目的性,更多的是观众"路过"直播间,感兴趣后产生的冲动购买。因此,在打造直播间场景的时候其实是对线下场景的还原,给用户营造熟悉的场景和相似体验感,拉近屏幕内外的距离,促成成交。用户的消费行为都是在特定的场景下进行的,用户也是透过场景来认知商品的,在不同的场景下具有不同的需求;将商品卖点与用户需求相对接,有效地触动用户的痛点,引起消费者的情感共鸣,激发购买欲望;建立起良好的互动关系,并形成消费者黏性和忠诚度。所以,要想营造良好的用户体验,首先就要以用户为中心,构建一个完整的场景。

场景赋予商品以生动化的意义。运用场景营销时,为了洞察消费的需求、了解用户的生活形态及价值观,需要先做用户画像调查,分析消费者的生活习惯和消费行为,真实再现消费者的生活场景,勾画消费者的理想生活场景,将产品嵌入场景中,打动消费者,激发消费欲望。在直播带货中,用户往往能接受主播语言说服的过程只有短暂的几分钟,主播想在这短暂的时间内说服用户购买商品,就必须让用户感同身受,发现他生活中存在这种商品的多种使用场景,让用户在直播间联想到生活中的场景,切实理解商品的使用价值。

(三)数据思维

一个带货主播的能力,是可以根据其带货的数据来进行量化的,主要是根据其直播间的热度、带货的转化率、与观众的互动率等进行衡量。在数字时代,数据是一项重要的指标,也是一种资源。作为主播,必须时刻保持数据思维,明白话术、互动技巧等都是手段,实现数据的提升才是最终的目的。以果为终,想办法提高直播间的停留时长、转换率等。要根据上一场的直播不断进行复盘,如在上一场的直播中,讲到什么样的话题和互动问题,观众的互动热情明显偏高,或者是选择了什么样的产品,观众的购买量大幅度上升,通过这些数据挖掘背后的原因、分析观众的商品偏好、观众的话题兴趣点所在等信息,找到不断优化直播过程的办法。

(四)社群思维

社群思维涉及的一个词是私域流量。抖音进入存量时代,私域流量就越发关键,基础设施就是粉丝群。但是只有留在自己的粉丝群的那部分粉丝才是自己核心的铁粉,而抖音的最新算法也提高了粉丝支持的权重。

主播如何让关注者加入粉丝群呢?评论区、主页背景图、直播互动都是吸引进群的触点。如何运营粉丝群呢?首先,划定入群门槛,让粉丝有身份感,必须达到一定的粉丝团等级才能入群,筛选出真正忠实的粉丝,也给粉丝一种"身份感";其次,细分粉丝群,精细化管理,把粉丝群分为酒水、服装等七大类,专业人士运营,进一步变现;再次,还可以丰富粉丝群活动,除了种草外,还有早晚问候,产品预告、爆款推荐讲解、科普问答、采集心愿、鼓励晒单等活动;最后,我们还要注意强化人设,主动承担责任,假一赔三,立稳人设,魅力黏粉。

(五)迭代思维

迭代思维要求不断迭代自己的做法,无论是短视频内容还是直播,因为消费者会有审美疲劳,抖音的算法也在不断地修正变化。变则通,通则达。直播间的观众对于同一个玩法、同一套话术,日复一日,会产生倦怠的情绪。所以我们需要不断创新,寻找新热点,不断更新玩法,触达受众的兴奋点。

达人主播的思维模式如图9—5所示。

```
                          ┌── 用户思维
                          │
                          ├── 场景思维
                          │
    达人主播的思维模式 ───┼── 数据思维
                          │
                          ├── 社群思维
                          │
                          └── 迭代思维
```

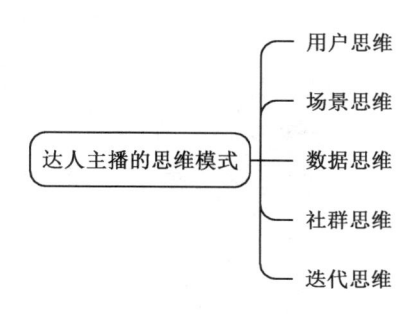

图9—5 达人主播的思维模式

二、如何找准账号定位

直播带货领域,如何找准账号的定位成为至关重要的一环。这并非仅仅是关于选择一个平台或创建一个账号,更涉及深入了解目标受众,把握市场趋势,以及精准定位自身在这个竞争激烈的领域中的位置。通过精准的账号定位,主播将更有可能在直播带货的舞台上取得成功。

一个成功的账号定位具有如下特点:首先,定位要清晰明确。一个成功的IP需要在市场中有清晰而独特的定位,且在价值上具有利他属性。其次,账号定位应具备成长空间,考虑市场的变化和观众需求的演变,吃品类的红利。再次,商业价值至关重要。定位应考虑为自身以及相关利益方带来实际经济回报的能力,如品牌合作、营销机会、知识变现等。最后,主播需要喜欢且擅长正在做的事务,比如选择成为美妆带货博主,那就需要本身也喜欢美妆。

(一)找准账号定位的两大策略

1. 定位三象限

(1)竞争对手在做什么

了解竞争对手的活动是制定有效定位的关键。通过分析竞争对手的策略、产品以及市场反应,我们能够找到市场中的空白点和机会。这有助于我们避免与竞争对手直接重叠,找到独特的定位,从而在市场中脱颖而出。

（2）用户喜欢

了解用户的需求和偏好是成功定位的核心。通过深入研究目标用户群体，我们能够洞察他们的期望、喜好和行为。通过满足用户的需求，定位可以更贴近用户，提高吸引力，从而建立牢固的用户基础。

（3）自身喜欢

成功的定位需要与品牌或个人形象相一致。在制定定位策略时，考虑到自身的核心价值观、风格和特色是至关重要的。通过在定位中融入个性和独特之处，能够更自然地与目标受众建立连接，增强他们对品牌的认知度和忠诚度。

而最佳的定位选择就是处于这三个交叉区域，即同时符合这三种条件，如图9—6所示。那么我们则能够更全面地制定定位策略，使之既能够与竞争对手差异化，同时也能够更好地迎合观众喜好，最终形成一个与自身特色契合的独特品牌形象。

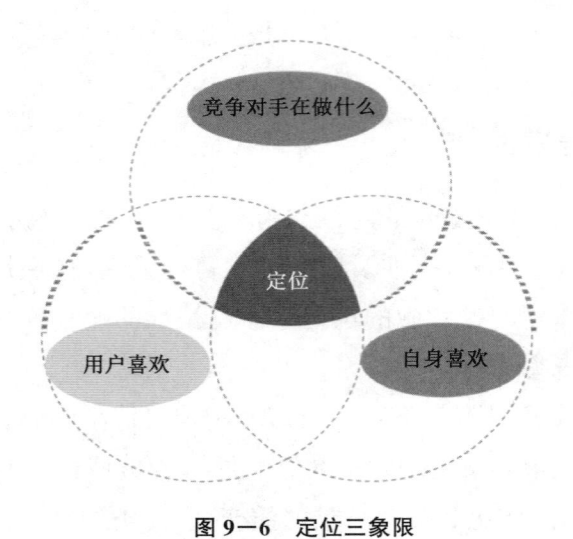

图9—6 定位三象限

2. 定位四分法

定位四分法，可使主播更好地了解自己，找到自身的优势，如图9—7所示。

（1）我是谁

包括昵称、性别、年龄、生活状态、价值观等方面，越详细越好，内容越多，后期选题的方向也会更多。

（2）我做过什么

将自己过往经历总结，工作、生活的亮点，即使是失败经验都可以总结。

（3）我做出什么

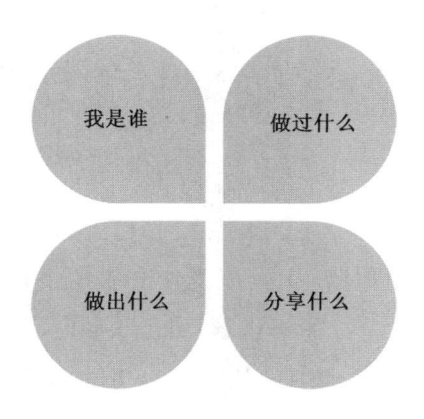

图 9—7 定位四分法

在过往的经历中做过哪些内容,如定位母婴,看一下是不是自己的育儿知识更有经验。如做知识主播,也看自己有哪些知识可分享。

(4)想要分享什么

自己想分享哪些内容,通过何种方式变现,评估能否持续更新,如知识主播,打磨了哪些课程,怎么包装和进行售卖。

(二)找准账号定位的逻辑

商业定位组成有两个要素,即供给者和需求方。在商业环境中,产品或服务的成功定位和市场占有,需要综合考虑供给方和需求方。以下则是找准账号定位的逻辑步骤。

1. 先了解背景

先了解主播个人背景,现在在做什么,之前个人成长经历,职场经历、创作者身份等。

2. 打标签定位

打标签定位,即我们具体选择哪一个行业,可以根据主播标签去建议定位方向,如主播有职场、时尚、医美特长。

3. 找对标

对标找到定位方向后,可以找对标账号学习,从人设、内容、变现模式等进行整理,由此确定接下来创作选题。

4. 做内容

选定主题后便进入内容创作的阶段。在内容创作的过程中,可能会运用多种创作技巧,如故事叙述、举例说明、图表解说等,以更好地传达主题。

(三)如何进行账号塑造

在明确了账号的定位后,账号塑造的关键在于巧妙运用人设、内容和变现这三种策略。

1. 人设

人设是账号形象的灵魂所在,主播需要精心打磨自己在社交媒体上的角色扮演,包括个性特质的展示、风格的塑造,从而在观众心中留下深刻的印象。

在命名上,我们可以使用"名字+内容"细分领域,让观众一眼知道你是干什么的。同时大家也要注意平台对修改昵称的限制,如小红书昵称的修改规定是一个月一次。在头像上,可选择自己真实、代表自己个性的图片或个人写真都是不错选择。在简介上,需要凸显自己核心差异化,引发用户行动;也可以凸显自己在这个专业的优势或者高光经历、专业特长。好的简介可以快速获得观众信任和认可,也更好地体现你的人设。此外,还可以在简介中放合作邮箱,因为邮箱是官方唯一允许放的联系方式,便于进行商务合作。

如"醒醒来喝茶",她的定位是一名茶叶博主。在命名上,她选择了"品牌+品类"命名,突出茶的属性,识别性高。其简介也是强大定位:好茶防坑指南,"茶学专业硕士+普通上班族"——凸显茶叶专业实力。

2. 内容

内容是账号吸引力的源泉。达人主播应注重内容的质量和多样性,建立自己的选题库,可从观众关注、自身能实现或对标在做,同时用独到的观点、生动的表达方式,以及时事的敏感度,持续产出具有吸引力的内容。通过不断创新,账号可以保持新鲜感,吸引更多的关注和互动。

3. 变现

变现是账号发展的关键一环。博主可以通过多样化的变现方式,如与品牌合作、推广产品或服务、参与付费活动等,实现账号的商业化价值。在小红书,博主变现主要有广告、专栏、店铺、直播和小清单这五种方式,特别是专栏比较适合知识博主,容易形成长期优势。

三、账号定位与主页五件套

账号主页五件套是构建社交媒体账号形象的关键元素,其中包括头图、头像、名称、简介和图片封面,它们共同塑造了观众对账号的第一印象。

(一)头图

抖音头图可以被视为一个独特的广告黄金展位,而且是免费的,具有大面积曝光和置顶的特点。其作用十分重要，包括展示个人或品牌的实力、提供信任背书、精准定位目标受众、强化个人形象或产品特色，同时也可用于线下引流。如图9—8所示是一位主播的头图。

图9—8　主播的头图

（二）头像

1. 头像的作用

在抖音中，企业账号的头像通常选择展示品牌LOGO或者代表性商品，以突出品牌形象。而对于个人账号而言，建议使用真实的形象照片作为头像，这有助于观众更直观地认识和记忆你。通过展示真实的面貌，能够建立更亲近的联系，让观众在互动中更容易感受到个性和真诚。选择合适的头像是打造个人品牌的一部分，它能够在用户心中留下深刻的印象，为建立信任和连接提供有力支持。因此，确保头像清晰、友好，并与账号内容相符，是在抖音平台上引起良好印象的重要一环。如图9—9所示，部分头像形式。

图9—9　部分头像形式

2. 选择头像的注意事项

(1)需避免使用任何违规内容，包括但不限于暴力和色情图片。

(2)避免采用非本品牌的LOGO图标等，以免引起误解，让人误认为是其他品牌的账号。

（3）若选择使用明星或名人的头像，应确保昵称不与该明星的名字相同，以免造成混淆。

（4）不推荐使用单一颜色的图片，如纯黑色或纯白色等，因为这样的图片在显示时可能显得不够美观。

（5）在选择图片时，最好挑选清晰度较高的照片，以确保在显示时获得更好的效果。

（三）名称

在创建企业抖音账号时，取名需与企业紧密相关，确保所选名称与企业形象一致，能够准确传达品牌信息。需要特别留意的是，一旦选择了账号名称，更改名称的过程会受到一系列审核的限制，因此在初次设置时要慎重考虑，以避免后续的不便。一个好名称可以有效地提升企业抖音账号的专业度和品牌形象。而一个好名称的标准有以下几点。

1. 易记性强

一个好的名字应该容易让人记住。像快手、今日头条、小米这样的名字一提到，我们就能明确知道它们从事的是什么业务，这种易于记忆的特性是名字优秀的重要表现。

2. 易理解

一个优秀的名字应该是易于理解的。如微信、QQ这样的名字让人一听就能联想到社交平台，而头条则让人想到新闻资讯，名字的易理解性有助于准确传达产品或服务的本质。

3. 易传播

一个好的名字在人们的心智中应该能够迅速形成一定的印象。如马蜂窝旅游网站曾使用蚂蚁的"蚂"作为标志，但由于与蚂蚁容易混淆，后来更改为"马蜂窝"。这种易于传播的名字能够在介绍时避免混淆，为品牌在市场上的推广打下良好基础。

如图9—10所示，部分抖音账号昵称。

（四）简介

抖音平台上，简介是一个绝佳的展示自我的场地，主播可以在这里分享个人故事、成就、价值观、联系方式，以及凸显主播的价值、活动介绍、预告、商务联系等内容。此外，抖音简介也是进行引流和变现的重要途径。通过巧妙而清晰地呈现这些要素，主播能够在抖音上有效地建立个人形象、吸引关注，同时为商务合作和变现提供有效的平台。合理利用抖音简介，可以更好地与观众互动，提升个人或品牌在抖音平台上

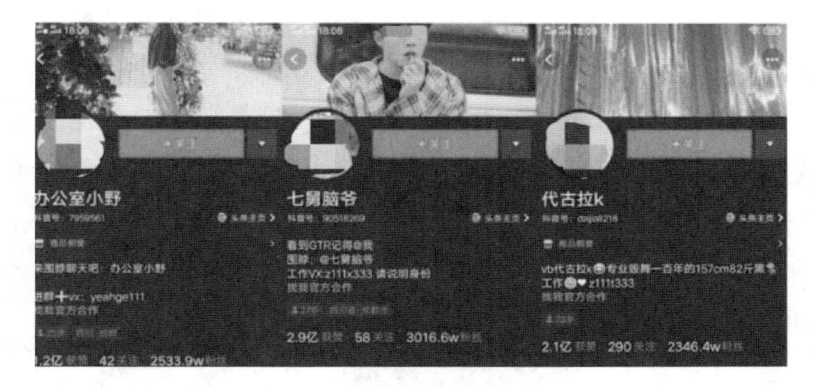

图 9－10　抖音账号昵称

的影响力。

在抖音，个性签名要反映个人/品牌特点，根据人物/品牌定位，突出 2～3 个特点。一两句话就好，不用太长，要方便记忆。此外，个人简介要写出三个维度：一是介绍自己和主播的专业性；二是主播的领域，让粉丝知道主播是干什么的；三是主播能提供给粉丝什么价值。给出粉丝关注主播的理由。如 papi 酱"一个集美貌与才华于一身的女子"、李佳琦"涂口红世界纪录保持者，战胜马云的口红一哥"等。如图 9－11 所示，部分抖音账号简介。

图 9－11　抖音账号简介

（五）视频封面

1. 视频封面类型

一个好的视频封面可以引导观众更快了解视频的主题，同时反映观众的感兴趣程度，所以封面一般起到索引、查找、预告的作用。抖音视频的封面一般可以分为：以人物形象为主题的,适用于剧情、才艺表演、颜值领域,如图9—12所示;以物品特写为主题的,适用于美食、风景、种草领域,如图9—13所示;以文字内容为主题的,适用于知识讲解、教学领域,如图9—14所示;以卡片模板为主题的,适用于好物推荐、开箱、测评领域,如图9—15所示;以画面三合一为主题的,适用于电影解说、影视混剪领域,如图9—16所示;以突出自己稳定的风格为主题的,适用于优质的Vlog领域,如图9—17所示。

图9—12　以人物形象为主题的封面

图9—13　以物品特写为主题的封面

图9—14　以文字内容为主题的封面

图 9—15　以卡片模板为主题的封面

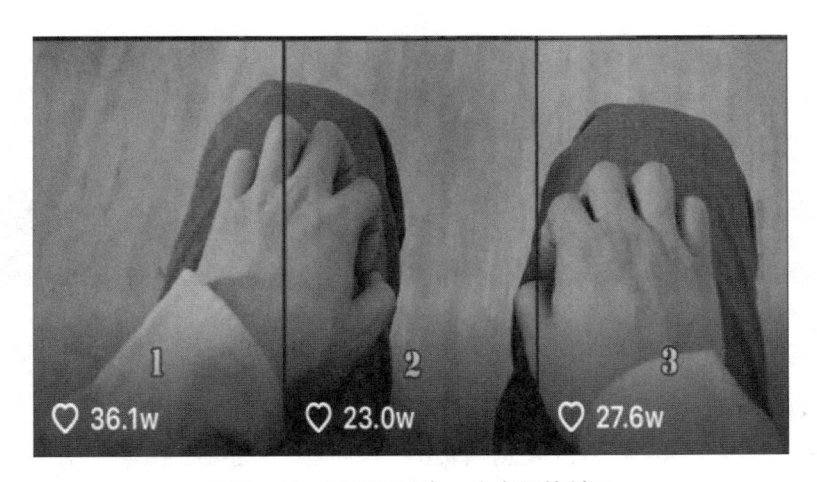

图 9—16　以画面三合一为主题的封面

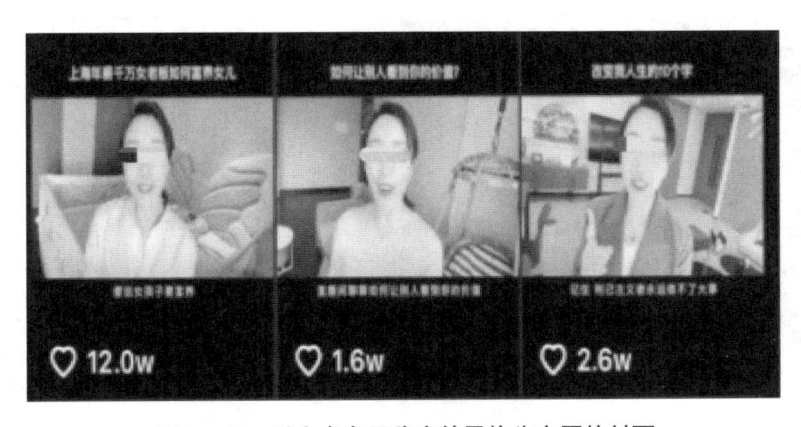

图 9—17　以突出自己稳定的风格为主题的封面

2. 短视频封面制作方法

(1)画面+标题式封面

如图9—18所示,几个"画面+标题"式封面,它的剪映App操作步骤如下:

①点击画中画→新增画中画→素材库→白场→调整大小、降低透明度、放置合适的位置。

②点击文本→新建文本→打上文字→调整字体、大小、样式等→放置合适的位置。

备注:要想做得更精美的、更好看的封面图,剪映没有的样式,用PS做;自己不会的,找专业的设计吧。

③封面时长在0.5秒或者1秒就行,如果时间设置过长,那么在点击视频播放的时候,要先把封面的时间播完。

图9—18 "画面+标题"式封面

(2)三合一封面图

如图9—19所示,本合一封面图可以找到一张合适的图片,然后用PS切片工具,在画面上右键点击"划分切片",勾选:垂直划分,输出:3个,点击"确定"。

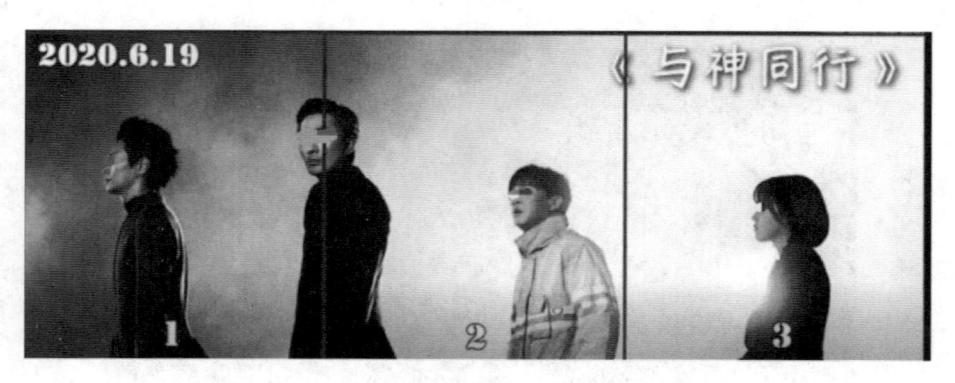

图9—19 三合一封面

3.抖音封面注意事项

(1)封面要与视频内容互相呼应,就像写标题一样,拒绝标题党,让观众能够从封面中就了解到主播想要讲的故事,从而更有兴趣点击进去。

(2)封面图清晰,有重点,如果图片模糊、内容表达不清楚,则不仅会影响作品质量,也会降低观众在视觉上的体验,减少点击量和关注量。

(3)封面图上有文字标题的,字号要大,字数在 15 字以内,方便用户理解。如果是以人物做封面的,则尽量要居中。

项目十　打造主播爆款短视频

项目任务操练：达人种草短视频拍摄

前面我们确定了自己的 IP 形象，接下来就是我们要如何打造我们的 IP 形象。对于一个 IP 来讲，设计只是起点，那么如何去塑造我们的 IP 形象，并且深入人心才是我们的难点。所以我们现在要做的就是用什么样的内容、做什么样的形式，去实现什么样的 IP。

项目任务书

项目十任务书的内容见表 10—1。

表 10—1　　　　　　　　　　　项目十任务书

理论学时	2 课时	实操学时	4 课时
知识目标	(1)了解 IP 打造的思路技巧 (2)掌握 IP 短视频内容策划的方法 (3)了解短视频脚本创作的基本格式		
技能目标	(1)学会短视频内容脚本的制作 (2)了解短视频内容思路来源的方法		
素养目标	(1)掌握短视频内容打造方法,合理利用热点,完成短视频内容创作 (2)尊重内容原创者,合理模仿对标账号内容		
项目任务书描述	(1)《达人 IP 内容规划》策划表 (2)单条短视频内容脚本 (3)种草短视频拍摄制作		
学习方法	(1)动手实践 (2)对标账号学习		

续表

理论学时	2课时	实操学时	4课时
所涉及的专业知识	（1）设计直播带货流程 （2）直播脚本设计 （3）直播突发情况应对策略		
本任务与其他任务的关系	本任务作为课程的第三个阶段的第二个任务，在前期已经做好IP设计的情况下，接下来就是真正的IP打造粉丝积累。所以如何持久性地做好内容输出就是我们的核心技能点		
学习材料与工具	对标账号若干		
学习组织方式	全部流程以个人为单位组织，完成整个作业的所有内容		

项目指导书

完成本项目全部任务的基本路径见图10—1。

设计内容方向和风格 → 确定内容形式 → 确定对标账号 → 制定内容规划方案 → 撰写短视频脚本 → 短视频拍摄制作

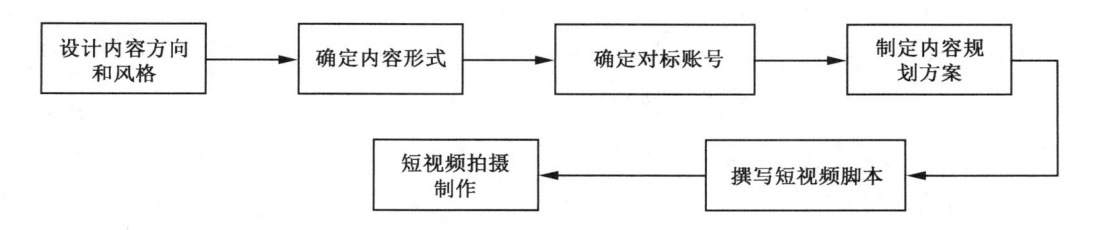

图10—1　完成任务的基本路径

第一步：设计内容方向和风格。

在项目九中我们确定了五件套，做了SWOT分析，制定了后期的商业思路。接下来就是正式打造我们的IP形象。首先就是要确定我们的内容方向和风格。内容方向就是我们要具体拍摄的内容，如Vlog、美食、服装、剧情、知识等。如"小杨哥"最早就是拍摄剧情类形成的个人IP，"麻辣德子"最早就是拍摄美食形成的个人IP。风格就是同是拍摄美食类，"麻辣德子"属于中规中矩介绍做菜类型的，"美食四哥"就是通过多种运镜手法把美食制作拍摄成大片，通过影片形成自己的IP。

第二步：确定内容形式。

短视频内容形式包括真人出境（如图10—2所示）、产品出境（如图10—3所示）、素材混剪、图片轮播等多种。每种短视频形式各有优势。真人出境更容易出现爆款，但是对演员和拍摄要求也更高。图片轮换看起来最简单，但是对于抖音来讲，图片轮播型短视频相对不容易出爆款。

图 10—2　真人出镜类　　　　图 10—3　产品出镜类

第三步：确定对标账号。

为什么要确定账号？确定几个对标账号？确定什么类型的对标账号？

首先，确定对标账号可以给我们提供创作思路，了解热点话题。其次，建议确定3～5个对标账号，可以丰富我们的素材库，同时也防止我们的思路陷入局限性。最后，就是确定对标账号类型，但不一定非要同类对标账号。如我们做美食的，肯定直接找美食对标是最好的，但是只找美食对标就很容易让我们陷入思维局限和思路局限。美食都属于家庭生活手工，一些生活类型账号也能给我们提供一些思路。

第四步：制订内容规划方案。

制订内容规划方案，可参照表10—2所列。

表 10—2　　　　　　　　　　内容规划方案

	选择结果	定位思路
内容方向	美食类	
内容风格	90后周杰伦背景音乐	
内容形式	产品出镜	
对标账号	胖哥老四、随手美食拍	
内容思路规划			
思路一：手工美食拍摄	（1）刀工美食，因为刀工美食容易出精美画面，更容易停留播放（2）摆拍美食，通过各种摆拍增加美食的美感，从而增加用户……	
思路二：年夜饭美食	结合过年热点……	

第五步：拍摄短视频脚本撰写。

当我们确定内容规划方向后，就要开始我们的短视频内容创作了。首先肯定是写脚本，短视频的内容脚本有很多，但是我们要做的脚本包括基本的拍摄内容，如景别、时长、画面描述、旁白解说、背景音乐和备注等。

景别就是中景、近景、全景等。时长就是这个镜头打算拍多久。画面就是希望这个画面穿插什么样的内容。解说就是旁白文案，最后就是音乐和特殊备注。具体脚本模板如表10－3所示。

表10－3　　　　　　　　　　　　短视频脚本模板

镜头	景别	时长	画面	解说	音乐	备注
1	采用全景，背景为昏暗楼梯	3秒	两个女孩忙碌一天拖着疲惫身体走楼梯	背景是傍晚昏暗的楼道	《有模有样》的插曲	女孩侧面镜头，镜头5米

第六步：短视频拍摄及后期。

短视频拍摄前，要准备拍摄设备，单反像机、稳定器、收音麦、灯光等；本条短视频需要的素材；演员的服装、道具等。

正式开拍前，要做好构图、灯光、演员妆容、产品摆放等。最后就开始拍摄。

拍摄过程中需注意细节，像收音、灯光，演员的情绪、眼神等。

完成拍摄后根据短视频脚本模板完成后期制作，最终提交MP4格式作品。

项目任务评价标准及评分表

表10－4为本项目任务评价标准及评分表。

表10－4　　　　　　　　　　　项目任务评价标准及评分表

项目任务	评分标准	分值	得分
内容规划方案	掌握内容规划方法，内容方向、形式、风格都有结合自身特点和市场发展	5	
	内容形式设计思路合理，结合自身特点和现有资源，综合考虑内容形式	5	
	内容风格独具特色，在设计思路中有涉及平台用户和内容用户考虑	10	
	对标账号选择方向上深度考虑用户画像匹配性和后期思路延展性	5	
	内容思路设计上不低于2条，且每条思路创作有具体的内容画面描述	10	

续表

项目任务	评分标准	分值	得分
短视频脚本	掌握短视频脚本基本撰写技巧，内容框架完整	5	
	熟悉短视频景别分类，短视频景别描述上设计画面构图	10	
	认识背景音乐对短视频作品的重要性，音乐选取上精确到哪首音乐的哪一段	10	
	了解短视频画面描述原则，从人、物、场、时四个维度综合描述	10	
短视频作品	竖屏，1080p，收音清晰，画面稳定，文字大小色彩合适	5	
	字画匹配，每段画面和文字内容恰到好处	10	
	音乐和画面匹配，每个音乐的转场匹配画面的转场	10	
	主题清晰，通过短视频表现后，有明确观念传达	5	

知识准备

正如项目九我们讨论了打造主播专属 IP 的重要性一样，短视频在当今数字时代扮演着至关重要的角色。随着观众对快节奏、精彩内容的需求不断增长，主播们有机会通过巧妙的短视频制作，吸引更多目光，提高商品曝光度。项目十将学习如何打造主播爆款视频，掌握达人必备的基础能力、视频内容构成与人设禁忌。

一、达人五项基本能力

带货主播，作为电商直播的关键角色，不仅仅是商品的介绍者，更承担着引导消费者的责任。他们需要在直播间展现出卓越的表现力和专业素养，促使购买行为的发生。达人需要培养以下五种基本能力：

（一）形象力

在达人主播的基本能力中，形象力占据着至关重要的地位。形象不仅仅是你与粉丝故事的开端，更是构建粉丝对你认知的重要元素。这一认知在很大程度上取决于他们对你外貌的理解。

形象的构成涵盖多个方面，包括长相、服装、发型、日常举止以及修养谈吐等。通过精心打造这些要素，你能够在观众心中建立起独特而令人难忘的形象，为你的品牌打下坚实的基础。

一方面，形象需要符合账号特征（如图 10－4 所示）。如果你的人设是一位博学的知识分享者，那么你的形象应该与知识分子的端庄、大气相匹配。另一方面，要求形象容易被记住。掌握"三个锤子"的法宝——视觉锤（服饰、化妆、道具）、文字锤（口头禅、口号)、动作锤(动作与仪态)。

图10—4 形象符合账号特征

(二)知识力

很多达人主播往往忽略了知识力的培养提升。实际上,在多个领域,如教育、科技和文化等,主播需要拥有丰富的知识储备,以便能够深入、专业地分享信息。这不仅有助于提升主播在特定领域的专业性,还能吸引对该领域感兴趣的观众,建立起稳定的粉丝群体。具备知识深度的主播更容易获得观众的信任,因为这种信任是内容创作成功的基石。

达人主播的知识力在很大程度上要求不仅掌握实际的方法论,同时还需要进行理论升华。对于各个领域的内容创作者而言,具备明确的方法论是至关重要的。因为方法论让内容更有逻辑且区别于他人,还具有可复制的特点。

理论升华要求主播能够超越表面现象,深挖问题的本质,从而在传递知识的同时引发观众的深刻思考。理论升华不仅仅是知道"是什么",更是理解"为什么"和"如何"。

因此，达人主播在追求知识力时需要在方法论和理论升华的双重引导下不断完善自身，以更全面、深刻地呈现内容，吸引并启迪观众，如图10－5所示，理论升华为方法论的画传画。

图10－5　理论升华为方法论

（三）标签力

在达人主播的技能组合中，标签力被视为一项至关重要的基本能力。在创造个人品牌时，打造独特而有辨识度的标签是至关重要的一环。这不仅仅是为了在竞争激烈的内容创作领域中脱颖而出，更是为了在观众心中留下深刻的印象。

打造标签的关键在于让一个词语成为主播的专属，而要做到这一点，主播需要深入自我，寻找最为明显、最具独特性的特质和特点。这可能涉及对自己的兴趣、专业领域、独特的风格或者个性进行深度思考和剖析。

这个标签不仅仅是一个简单的词汇，更是主播个人品牌的象征，是观众对其的一种直观印象。通过凸显最发光的特质，主播可以在观众中建立起独有的身份认同，使其在庞大的内容创作海洋中脱颖而出，图10－6所示，有标签的知名主播。

（四）传播力

1. 传播力的概念

通过短视频传播的核心在于持续吸引流量，以实现积极效果。最终目标是让观众信任你，包括获取流量、建立个人形象和促成实际成交。

根据流量漏斗理论，流量内容旨在使观众认识你，了解个人形象，建立熟悉感。人设内容则致力于赢得观众认可，从简单认识过渡到深刻认可，建立记忆和信任。同时引导观众进行实际购买行为，并提供反馈。因此，成交基于观众的认可，缺乏认可

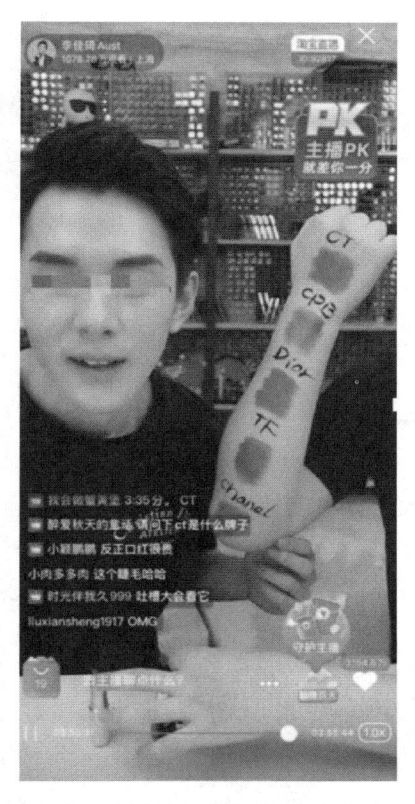

图 10—6　知名主播李佳琦的标签：妇女之友、口红一哥

则难以实现成交。

在视频创作初期，容易陷入流量内容过重的误区，忽略了人设和成交。一些主播只传授知识，观众对其个人形象和推广产品知之甚少，这种情况下成交效果较差。因此，过于专注流量内容是错误的。

高级玩家的视频策略是在一条视频中分配 60% 的内容用于获取流量，30% 用于建立个人形象，最后的 10% 用于引导实际成交。如创作关于打造个人 IP 的视频时，可以解释主播收入差异，并深入介绍千万粉丝和十万粉丝主播的差异。在整个讲解过程中，巧妙融入打造 IP 的实际案例，但这部分只占视频的 30%。最后，结尾呼吁观众着手打造个人 IP，提供详细课程，促成成交。

这样的视频创作逻辑全面满足观众需求，提高传播力，实现期望效益。

2. 提升传播力的方法

上述讲了传播力的概念与作用，那么如何提升传播力则是我们最需要关注的一环。具体来讲，提升传播力有"解决变预防""洞悉人性""合理地蹭流量"三种策略，如图 10—7 所示。

```
                        ┌── 解决变预防
      提升传播力的方法 ──┼── 洞悉人性
                        └── 合理地"蹭流量"
```

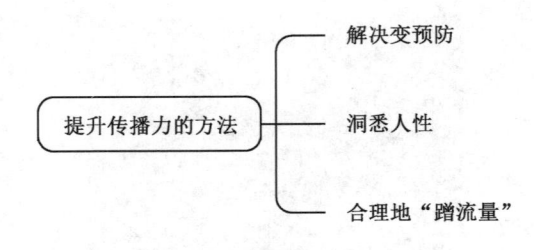

图10-7 提升传播力的方法

(1)解决变预防

将问题的解决方案转化为预防的策略是非常有效的,类似于"王老吉"的广告口号,如"怕上火喝王老吉",通过与预防相关联,扩大了目标受众,不仅吸引有上火问题的人,也涵盖了那些尚未出现问题的消费者。以脱发问题为例,关注预防脱发的话题更容易引起广泛关注。

(2)洞悉人性

要实现流量放大,必须巧妙地利用人们的心理弱点。如在中国,喜剧片一直是票房保证;教授赚钱、成功学等内容也能吸引关注;通过满足人们的喜好,如手办、英语学习或剪辑技巧,可以迅速获取流量;颜值在网络上也是吸引关注的关键,使得一旦获得流量,就能转向其他内容。

总结而言,失去吸引力、贪婪心理和恐惧心理是三种主要利用人性弱点的手段。这涉及失去心理,即让人感到失去某物的痛苦大于获得的喜悦;贪婪心理,即低成本行动带来非成比例的期望结果;以及恐惧心理,即通过创造害怕或担忧的情境来引起关注。

(3)合理地"蹭流量"

第三种流量获取方法被称为"蹭热点",通俗地说,就是利用热门话题获取关注。这种方式有几种实施方法。首先,通过蹭明星,可以是娱乐明星或其他知名人物,关联他们的使用物品、穿着风格或对其评价,以获取流量。其次,蹭产品,通过推出类似但更吸引眼球的产品来获取目标品牌的流量,也可以通过博主的评测来蹭流量。最后,蹭热点,即关联当前社会热点事件,如教育主播通过评论人教版插画引发的问题来获取关注。这种方法需要保持专业性,同时关联自身内容。

(五)背书力

1. 背书力的概念

背书是指在广告、宣传或推销活动中,由名人、专业人士、用户或其他权威人士通过肯定和支持的方式,为某个产品、服务、品牌或个人提供公开的认可和推荐。背书的目的是借助权威人士的声望和认可,以增强目标受众对特定事物的信任度,从而促进销售、提升形象或推广某一观点。增强背书力对提升受众的信任、促进销售效果有着至关重要的影响。如图10-8所示,是提高背书力的方式。

```
                        ┌── 讲故事
         提升背书力的方法 ├── 表态度
                        └── 拆案例
```

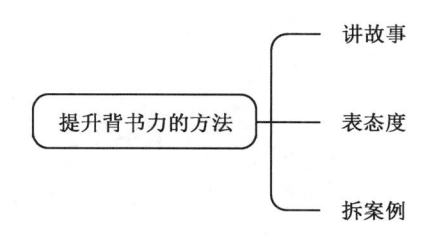

图10-8　提升背书力的方法

2. 提升背书力的方法

（1）讲故事

作为美妆主播,可以分享自己从事这个行业的经历,包括最初的学习过程、了解到的行业内幕以及认可的品牌。这种方式可以通过讲述真实经历来打造个人故事。

（2）表态度

作为主播,可以表达对不好的产品的态度,对那些品质差的主播的看法,以及对抄袭的人的态度,包括在一些社会热议话题中展现自身的积极正能量。通过明确表达个人立场和态度,可以塑造出独特的形象。

（3）拆案例

这可以是拆解自己的案例,也可以是分析其他人的案例。在分析案例时,潜在信息是能够看出案例中的优点和不足之处。这不仅证明了主播的专业能力,还增加了主播的背书。最好的情况是能够拆解自己的案例,进一步展示个人经验和成就。

二、达人视频内容构成

（一）四维结构——人、货、场、音

在带货领域,视频内容的构成不再仅仅是产品的陈列和介绍,它已经演变成一门艺术,一门融合了多个要素的复杂技能。这种技能的核心在于构建一个全方位的体验。通过独特的四维结构——人、货、场、音,带货主播实现了内容的多层次融合,形成了引人入胜的带货体验,如图10-9所示。

1. 人

人设是短视频内容创作的灵魂,人物的形象和个性、外貌特征、爱好、口头禅、能不能给观众留下记忆点,这些都是我们要考虑的。在这一方面,需要做到以下几点:

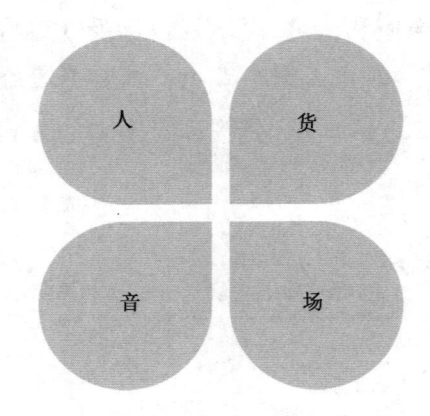

图 10—9 视频内容的四维结构

(1) 塑造性格鲜明的人物,给观众留下记忆点

人设所有呈现的东西都是价值观的体现,人设的性格和世界观要鲜明,有存在感,让观众清晰地感知其立场,才能搭建起有血有肉、逻辑自洽的人物,表现在人设有信念,对待事物的态度,喜怒哀乐和情绪,有笑点,有泪点,有底线。

(2) 制造矛盾,使剧情跌宕起伏,引人入胜

短视频的内容里要制造矛盾。矛盾是建立在对比、反差、冲突、转折与和解上的,通过这些观众能更好地理解和明确主题。如可以通过正与邪的对立,来构建一个矛盾的点,让问题逐渐尖锐起来,突出反差。

(3) 观察生活,引起观众共鸣

在各种形式的短视频里,我们会发现这些短视频都是与生活息息相关的,在选择剧情内容的时候,要做到细致挑选。拍短视频就要跳出长视频的情景,了解短视频的特点。

在写短视频内容的时候,把发生在身边的事情记录下来,拍摄的时候还原其真实度,这样的内容会有更多用户的喜欢。引起用户的共鸣,有一种感同身受,用户会感觉到这样的事情就是自己经历过或发生在身边的事情,消除了与观众的距离感,这样的剧情内容更受欢迎。

(4) 遵守法律法规,向主播传递正确的思想价值

短视频上,我们都希望用户刷到后能够把视频看完,并且还能点关注和点赞,这样个人平台的收益会增加。这些是要建立在好内容的基础上。什么是好内容?一方面向社会传递积极向上、正能量、好剧情的内容;另一方面,遵守平台和社会的法律法规,这是更重要的前提。如果只为了让自己的视频爆红,利用一些违法违规或违背道德的手段让自己成为网红,这样是不可持续更不可取的方法。想要成功就要用正确

的方式去展现,同时付出努力,创作出的内容能传递一定的思想价值。

2. 货

每个视频号达人都有着自己的内容产出,内容属于哪一领域,就应该先考虑这一类目的商品,这是最开始带货时最能带得动的商品。商品不再是简单的展示,而是主播通过生动地描述、实际演示和主播体验分享,使商品变得更加具体、真实,激发观众对商品的兴趣。

作为一名主播,应培养选品思维。选品思维可总结为如下六点(见图10-10):(1)不局限,即不要只局限于佣金产品;(2)不能只挑自己喜欢的商品,在选品的时候主观爱好不是第一位的;(3)扩大查找范围,并不是每个排名靠前的产品都是合适的,因此在查找的时候需扩大范围,寻找最合适的产品;(4)与活动相配合,选的商品应该是与活动主题等相匹配的;(5)学会看商品,寻找适合长期发展的商品,有利于建立长期合作的模式,才能事半功倍;(6)通过数据寻找商品,培养数据思维,通过后台数据分析,寻找同类型的商品。

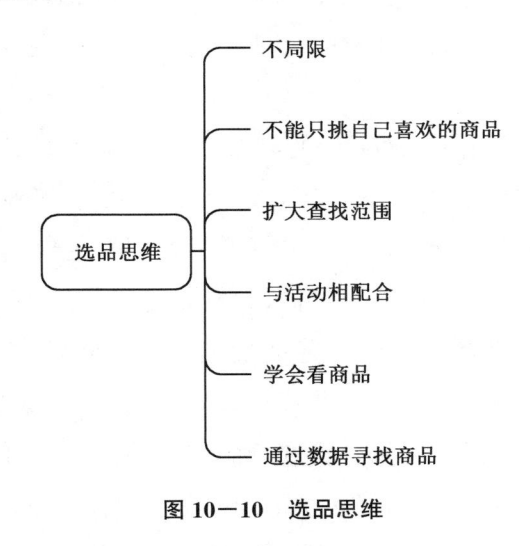

图10-10 选品思维

在学习了上述选品思维之后,选品的实操环节该如何进行呢?可以从以下几个维度展开:

(1)销量。商品的销量决定了商品是否为热销产品。

(2)价格。大家都喜欢性价比高的东西,商品价格对商品的销量起十分关键的作用。

(3)评论。商品的评价决定了后续的商品生命周期。

(4)主图。主图要足够吸引顾客,很多首次购买商品的买家都是被产品的主图吸引的。

(5)标题。并不是越多越复杂就越好,标题一定要简洁、明确,才能提升关键词的搜索概率。

3. 场

在短剧本创作中,一个场景应当构建成一个独立的单元,包含明确的开头、中间和结尾。一般而言,短视频剧本由一到两个场景组成,每个场景至少要实现以下三项任务之一:

(1)明确角色所追求的目标是什么?

(2)揭示角色真正需要的是什么?

(3)如果这两者都未实现,则最糟糕的后果是什么?

通过回答这些问题来强化主题、情节和角色的发展,这样的构思将有助于剧本的连贯性和深度。

当大家对场景产生好奇或者高度共鸣时,情感就不知不觉被带入到你的故事里。如公交车变妆的场景共鸣(上班赶时间)、地铁上学医女孩的学习共情(为理想而努力)等。

塑造场景时,可以运用"5W1H"的叠加法(见图10—11),即谁(Who)、什么(What)、何时(When)、何地(Where)、为什么(Why)、如何(How),深入挖掘并生动呈现场景的各个方面。首先,明确"谁"是场景的关键人物,他们的身份和角色将直接影响情节的发展。其次,弄清楚"什么"事件或目标是场景的核心,这有助于引导角色的行动和对话。了解"何时"场景发生,时序的设定会为故事赋予特殊的情感和紧迫感,如茶叶往往会主打谷雨清明的春茶这些特点;彩妆的套装礼盒在情人节,七夕节这些节日往往能够带来不错的销售效果。再次,确定"何地"场景定位,场地的选择会为情节注入独特的氛围和背景。深入探究"为什么"角色们在这个场景中,动机和目的是推动剧情发展的动力。最后,考虑"如何"通过描写细节、对话和情感的表达,使整个场景更加生动和引人入胜。

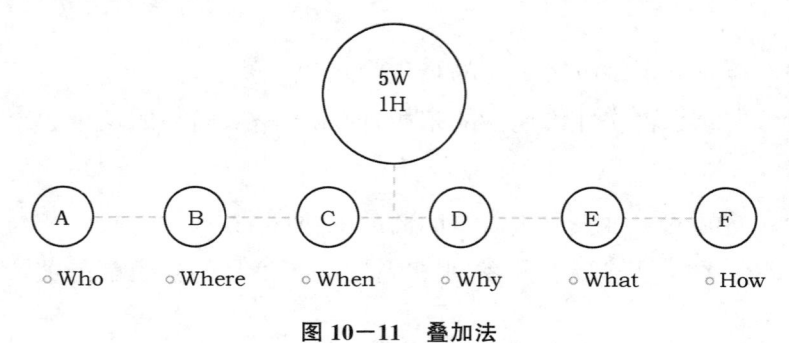

图10—11 叠加法

4. 音

无论是抖音这类的短视频平台,还是西瓜一类的自媒体平台,背景音乐都是一个视频的灵魂,因为适当的音效和音乐可以调动情绪。不同类型的账号应选择不同风格的背景音乐,如常见的真人口播类、情景剧类、Vlog 类在音乐的选择上都会有所不同,音效和音乐的选择可直接在平台上进行,如图 10－12 所示,以下是三个选用背景音乐的建议。

图 10－12　背景音乐选择

(1) 真人口播

真人口播账号可根据产品特点和口播内容巧妙选择音乐。如对于展示有趣科普知识的短视频,可选用轻松欢快的音乐以增添活力;对于香水或精致小饰品的商品,选择一些浪漫温柔的音乐能更好地营造出优雅迷人的氛围。因此,在音乐的搭配上,考虑商品属性和内容风格,能够更好地吸引目标受众,并与口播内容形成和谐的融合。如图 10－13 所示,真人口播。

(2) 情景剧

在情景剧的制作中,为了确保视频重点不被音乐所掩盖,推荐选择一些纯音乐作为背景音乐,这有助于防止音乐过于突出,影响台词的表达和情感传达。通过精心挑

图10—13　真人口播

选纯音乐,可以在营造氛围的同时让观众更好地聆听对话和理解剧情。在背景音乐的运用上,平衡是关键,以确保音乐与对白的协调,使整体呈现更为流畅。

(3)Vlog

在 Vlog 制作中,对于背景音乐的选择,建议采用与拍摄环境场景相符的纯音乐。具体而言:对于风景类视频,如大漠戈壁,可选择大气磅礴的音乐,以凸显壮阔的氛围;在江南小巷或阁楼庭院等古香古色的场景,适宜选用古典风格的音乐,营造出宁静雅致的氛围;对于生活美食类视频,则可以选择一些生活气息浓厚、节奏缓慢的音乐,以与视频内容相融合。

在选择背景音乐时需注意三方面关键因素。首先,音乐应符合短视频整体表达的情感基调,确保与视频想要传达的情绪一致。如在法律知识科普的严肃内容中,选择欢快的音乐可能显得不协调。其次,要考虑视频的整体节奏。背景音乐应与画面的叙事和情感相契合,提高观赏体验。最后,避免音乐过于突出,以免喧宾夺主。应营造一种"似有似无"的感觉,让音乐作为点睛之笔,不遮盖内容本身的锋芒。这样的精心选择能够使音乐与视频完美融合,呈现出更具观赏性的效果。

(二)内容构成

本节将讨论如何制作能够快速促成交易的短视频内容,并了解为何要这样做。短视频内容的目标就是促进成交,内容构成的目的是更有效地推动成交。为了更有效地引导观众产生购买意愿,我们在内容构成上需有一定的方法。这五种方法包括痛点放大并加入场景,好处放大并加入预期,风险降低并加入保险,价值突出并加入赠品,以及激发情绪并加入号召,如图10—14所示。

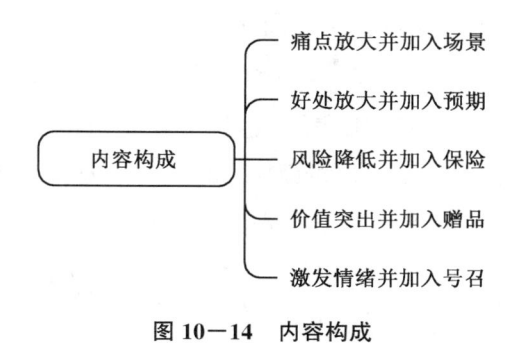

```
                    ┌─ 痛点放大并加入场景
                    ├─ 好处放大并加入预期
            内容构成 ─┼─ 风险降低并加入保险
                    ├─ 价值突出并加入赠品
                    └─ 激发情绪并加入号召
```

图 10—14 内容构成

1. 痛点放大并加入场景

"痛点放大并加入场景"是一种营销或表达观点的策略,旨在强调问题的重要性,并通过将问题放大并融入具体场景,使人们更能感同身受,增加共鸣。以学龄前孩子英语线上课程推销为例,他们的痛点主要表现在学得慢,不敢张嘴说。这可能导致他们在学龄前只能听而不能说,甚至在学后阶段可能因此面临被同学嘲笑、老师批评的困境。这种情况若得不到解决,则可能会在未来影响孩子的学业,甚至最终影响职业发展。为了解决这一问题,家长可以考虑让孩子参加口语班,提升口语表达能力,避免未来可能的负面影响。

通过上述话术可见,首先,通过放大问题,强调了口语表达能力不足的问题。其次,通过加入场景,描述了可能的负面影响,使问题更为真切和紧迫,最后,引导家长尽快产生消费行为,这样才能最大限度抑制未来悲剧的发生。这种方法旨在通过情感共鸣和问题的明确呈现来激发行动。

2. 好处放大并加入预期

在这种策略中,首先,强调某一事物的好处,可能是其解决问题、提升生活质量、节省时间或提供其他价值的方面。接着,通过放大这些好处,使其显得更为显著和引人注目。最后,将这些好处与未来的预期联系在一起,强调选择该产品、服务或决策将带来长期或更大规模的好处,从而促使人们做出积极的决策。

如学会口语有许多好处。具备流利的英语口音不仅让孩子在小学英语课上积极表现,还引起他人的羡慕,培养了孩子的表现欲和自信心。这种积极表现可能在大学考试中让英语成为强项,并为其成绩加分。通过参加英语课程,孩子有可能在十天内改善口语,一个月内发音标准,两个月后能唱英语歌。口语课销售加入具体场景和预期,形成"1+1大于2"的效果。

3. 风险降低并加入保险

第三个策略是"降低风险并加入保险",是指在面对某项决策或购买服务时,采取一系列措施以减少潜在的不确定性和负面影响,并在需要时提供一定的保障。虽然一些家长可能会冲动购买,但有些人担心选择错误。他们关心培训机构是否真的能够提供高质量的教学,而不仅仅是销售宣传,担心孩子可能学不好或者中途退课。为了降低这些风险,一些机构采取了一些措施,如提供试听课,并收取一小笔费用以提高用户的信任度;其他保险措施,如在开课前一周内不喜欢,可以申请全额退款。这些措施旨在让家长在购买培训服务时感到更加安心,类似于在电商平台上,商家承诺七天无理由退换货且有运费险。这样的做法有助于建立用户信任,并产生购买行为。

4. 价值突出并加入赠品

在知识付费领域,通过突出商品的价格并附赠有吸引力的附加服务是一种有效的销售策略。相比于一般商品购买,知识付费的特性使得价格灵活性更大。如把员工培训、商业培训或咨询服务包装成套餐,强调价格优势,并添加有吸引力的赠品。与电商不同,知识付费的产品可能在实际价值上呈现较大差异。通过突出产品的实际价值,如成功案例、使用范围、赋予产品荣誉或协会认证等背书,以及行业认可等,可以增强产品的吸引力。最终,通过引入赠品,如免费课程或附加学习资料等,使得整个购买体验更具吸引力。必须指出,赠品的价值感要高于产品本身,如标价更高的附加课程,以刺激用户下单。这样的销售策略能够在知识付费领域中提升产品吸引力和用户体验。

5. 激发情绪并加入号召

最后一个策略是情绪激发和呼吁。一位专门研究消费者心理学的专家指出,即使用户在购买决策中表现得再理性,最终的决断仍然受到情感的驱使。在比较两款化妆品,价格、功能、品牌相近的情况下,最终用户的选择往往取决于感性因素,如外观或性价比。因此,在产品购买的决策时,情绪激发比理性说服更为关键。在促使用户下单的环节,可以通过直播呼吁、短视频刺激或课程嵌套等从中引导,务必强调情感上的判断。此外,加入一定的呼吁,如在下单前强调名额有限、享有优惠、已有多少人购买等,以激发从众心理,进一步引导用户完成购买。

三、达人 IP 的人设禁忌

"人设"是指个人在社会中塑造出的特定形象或角色。达人主播的人设对于吸引观众、建立忠实粉丝群体以及提升影响力非常重要。值得特别注意的是,在树立人设这一方面,有一些禁忌和策略。

(一)人设切忌"装"

要成为达人主播,必须保持真实,切忌过分装饰。时刻铭记自己并非天生伟大,永远不应摆出高人一等的姿态。相反,应保持低调、接地气,展现真实的一面,展示自己也有不足之处,能够让观众更好地产生共鸣。在塑造人设时,要注意不要过度美化自己,而是展现出真实、贴近生活的一面,让观众感受到主播的平凡和可亲。这样的态度有助于建立更真实、更深入的连接,提高观众的信任感,从而更好地吸引并保持忠实的粉丝群体。

(二)人设切忌过于完美

在塑造个人形象时,设定一些小缺点是一种相当巧妙的策略。某个电商主播以分享实用经验而备受争议,即便他早期并未收费,仍有许多人批评。而另一个电商主播却成功避免了此类困扰,他故意展示出朴素的一面,避免让人羡慕。这种设定小缺点的方法有助于减轻他人的嫉妒心理,使人更容易接受他的不完美之处。通过这样的逻辑,我们不难理解一些成功人士刻意展示平凡的一面,以抵消外界对其成功的嫉妒。这种小缺点的设定使个人形象更真实,更易于被他人接受,同时也降低了完美形象带来的崩溃风险。

(三)打开心理账户

在销售过程中,如何以不伤害顾客设定为目标呢?有种方法是打开心理账户。简而言之,打开心理账户就是在决策购买时考虑到的情感和心理因素。以卖花为例,如果仅从成本出发,一束花种植出来可能只需要几块钱,但卖出520元的价格,可能价格看起来过高。但是,通过打开心理账户,考虑花代表的情感价值,比如在情人节求婚时,这束花代表的是爱,是仪式感,那么一束玫瑰的价格520元就能够被接受,甚至还抢不到。类似地,奢侈品的价格看起来高昂,但通过打开心理账户,考虑到它所象征的社会地位和尊贵感,人们可能会接受这一价格。因此,理解和利用心理账户可以帮助在销售中更好地满足顾客需求。

项目十一 达人主播的临场应变

项目任务操练：针对直播"翻车"事件制订应对策略

经过几场美妆达人直播专场后，主播越来越熟悉每场直播流程和内容。但是主播也遇到了直播事故的困扰。比如在一次口红的色号展示过程中，主播一不小心把口红直接撇断，造成直播公屏上很多粉丝开始怀疑商品的质量。那么面对直播过程中发生容易的翻车事故，作为主播应该如何临场应变呢？

项目任务书

项目十一任务书的内容见表11-1。

表11-1　　　　　　　　　　　　项目十一任务书

理论学时	2课时	实操学时	4课时
知识目标	(1)熟悉直播过程中容易翻车的直播环节 (2)了解直播过程中翻车后的常规处理流程		
技能目标	(1)掌握常见类目翻车后的处理技巧 (2)学会查看对标直播间的危机公关处理技巧，并自我掌握		
素养目标	(1)面对直播翻车事故，提升主播的临危不变的心态 (2)面对直播翻车事故，能够学会化危机为机会，通过不同角度的切入，改变用户思维		
项目任务书描述	完成提供的各种直播翻车事故的处理方式		
学习方法	(1)动手实践 (2)对标账号学习		

续表

理论学时	2课时	实操学时	4课时
所涉及的专业知识	(1)达人主播处理突发状况的能力 (2)达人主播致歉的常用技巧 (3)达人主播"翻车"事故处理策略			
本任务与其他任务的关系	经过前十项任务的训练,主播的直播经验已经非常丰富了。这个时候作为主播要做的事情就是尽量避免不犯错,或者是犯错后的应变处理能力			
学习材料与工具	各种翻车事件案例			
学习组织方式	全部流程以个人为单位组织,完成整个作业的所有内容			

项目指导书

完成本项目任务的基本路径见图11—1。

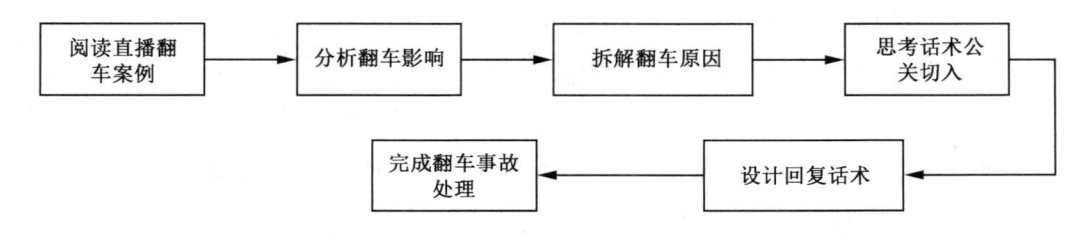

图 11—1 完成任务的基本路径

第一步:阅读直播翻车案例。

示例

(1)服装细节展示过程中出现跑线、掉毛:彬哥男装直播间出现过主播一遍说产品不掉毛,然后再手摸服装展示细节的时候,出现了大量掉毛。

(2)食品产地讲解过程中被粉丝打假:主播在讲解冷冻海鲜产品来源于国外进口的时候,被粉丝通过产品信息表发现就是国产的。

(3)生活小工具测试过程中产品问题:刀具直播间在销售过程中展示剁骨头,结果3刀没有剁断。

(4)高仿账号直播间被真正直播间粉丝喷:为了快速涨流量,西方甄选模仿知名IP,虽然最后流量上来了,但是口碑直接变差。

(5)下播后,被打假人抠字眼告主播虚假宣传:下播后有专业打假人,去查主播直播过程中的话术字眼,然后经过恶意剪辑后,让消费者觉得在虚假宣传。

(6)功能性产品直播间演示过程中功能失效:智能语音设备在直播过程演示功能的时候发现智能设备不起效果。

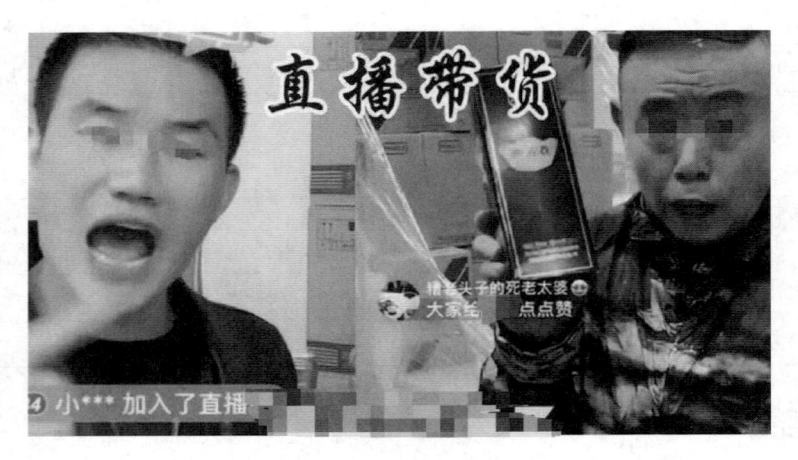

图11—2 直播带货中的主播

第二步:分析翻车影响。

直播翻车事故包括无意翻车和被动翻车。无意翻车可能就是自己在直播前没有对产品质量进行把关,造成直播过程中出现临时直播事故。被动翻车就是典型被人恶意针对,有意去发主播在直播过程中有讲错的一些话术,并且在直播过程中,或者是下播后把特殊片段进行放大化。

针对第一种情况,作为主播,在调查完产品情况后发表声明,只要不是特别严重的影响粉丝身体健康的问题,进行适当补救,大部分事件都会慢慢地淡化掉。

针对第二种情况,我们一定要做好反击措施,针对恶意差评的粉丝,该拉黑的拉黑,该起诉的起诉,并且由第三方公示主播的追究其责任的态度。

第三步:拆解翻车原因。

直播间翻车的原因有很多,不过大部分分为这几个大类:品控不过关,主播不了解产品;现场测试环境和做品控时测试环境不一样,造成某个功能没办法展示;主播在销售过程中,不严谨,被抓漏洞;品牌方后期发货样品和直播间展示样品不一致;等等。

不论是以上哪种原因,只要不是主播故意夸大宣传或者是不断宣传一个本就不存在的卖点,都可以通过一系列的补偿和道歉,安抚粉丝。但是如果是恶意套路粉丝被发现后,基本上可以说没救了。

如果因为质检、"嘴瓢"等,主播首先在现场就应该主动积极地跟观众解释原因。如这件衣服是被我们穿过很多次的,所以有点脱线。或者说是因为主播用力过猛,造成有点弯曲等。本质就是按照一个原则:产品是没有问题,主要是主播操作不当造成的。

第四步:撰写翻车事故处理表。

翻车事故情况可按表11—2方式记录下来,以便复查及为今后避免类似事故发生做反面教材。

表 11－2　翻车事故处理表

翻车事件	事件描述	翻车原因	造成影响	处理方式
	(描述清楚什么时间什么人物什么地点发生了什么)	(翻车原因更多是因为主播讲的和实际产品不符,所以要写清楚主播讲的是什么样的,实际情况是什么样的)		(承认过失话术;建立信任话术;赞美用户话术;及时补救话术;)

注:翻车事故处理表案例既可以选择提供案例,也可以选择网上素材;括号内为填表说明。

项目任务评价标准及评分表

表 11－3 为本项目任务评价标准评分表。

表 11－3　项目任务评价标准及评分表

项目任务	评分标准	分值	得分
翻车事故拆解	了解翻车事故常见类型,针对翻车事故原因的拆解客观公正	10	
	学会甘特图使用方式,通过时间通道,分析每个环节最后造成事故的原因	10	
	翻车事故原因描述全面,囊括选品、直播、控屏、公关等众多环节	10	
	描述直播造成影响,既有现存影响,也囊括未来有可能产生影响的可能	10	
	掌握全网消费者用户心理,在描述直播影响中,有关用户变化的观察	10	
翻车事故处理	掌握主播致歉的常用技巧,直播间临场回复话术逻辑合理,态度诚恳	10	
	掌握网络公关技巧,面对扩大化负面影响,有涉及公关方式的描述	10	
	处理方式描述中,既包含处理思路,也包含处理事故的人员、时间、话术、标准	10	
	学会"避重就轻",在回复话术描述中合理运用话术技巧,做到既不激怒观众,又让观众感受到真诚心态	10	
	处理方式,既包括本次事故处理方式,又含有后期防止同类事故的预防措施	10	

知识准备

我们深入探讨了达人主播的直播策划。然而,直播现场往往千变万化,这需要主播具备出色的临场应变能力。如果直播过程中出现的突发情况没有得到妥善解决,则可能会直接导致直播"翻车"。因此,本项目旨在为主播提高临场应变能力提供参考,以帮助主播在直播现场游刃有余、应对自如,达到事半功倍的效果。

一、达人主播处理突发情况的必备能力

(一)心理抗压能力

在直播过程中,主播的言行会影响直播间观众,但当主播的表现与观众期望产生偏差时,主播可能会面临负面信息的困扰。如果主播的心理素质较差,无法妥善处理和接受负面信息,负面信息则可能会扩散,进而影响主播的情绪和直播效果。在这种情况下,主播虽然无法完全控制负面信息的来源,但可以通过增强心理承受能力来更好地应对。主播可以采取以下方法处理负面信息。

1. 调整心态,控制情绪

主播面对负面信息时,首先,要调整自己的心态,不让负面情绪过度影响情绪状态。其次,通过保持冷静,主播能更好地面对批评和指责,减轻可能产生的心理波动。最后,将关注点逐渐移向积极的方面,有助于保持良好的心理状态,不至于影响接下来的直播。

2. 接纳负面信息,选择正确处理方式

主播在面对负面信息时要学会接纳事实,不回避问题。通过理性看待负面反馈,主播能够更好地了解问题的本质,并采取正确的处理方式。选择与负面信息相适应的回应策略,有助于减缓负面影响,并为解决问题铺平道路。

(二)临场应变能力

主播在处理突发情况时,临场应变能力显得尤为关键。这一能力能帮助主播在面对未预料到的状况时迅速、灵活地做出合理的决策和应对行动。具备良好的临场应变能力的主播能够在压力下保持冷静,迅速调整策略,确保直播的顺利进行。

在突发状况下,主播可能需要迅速调整节目内容、应对技术故障、处理意外嘉宾互动等各种情况。因此,临场应变能力不仅要求主播思维敏捷,还需要能够迅速做出正确的判断,保持对全局的把握。

为培养临场应变能力,主播在业余时间可以多观察一些优秀节目主持人的救场方式。通过对优秀主持人的经验学习,主播能够不断提升自己的业务水平和专业素

养。图11-3是优秀主持人临危救场。

图11-3 主持人在节目上救场

(三)话题引导能力

在一场带货直播中,主播兼具主持者和商品营销者的角色。为了确保直播达到理想效果,主播需具备强大的语言能力,而语言心理、语言效果以及话题掌控能力成为决定主播语言水平的关键因素,三者必须平衡发展,缺一不可。

直播的一大特点是互动性。在整个直播过程中,主播需要与观众保持深度交流,这意味着主播必须敏锐抓住核心话题,深入理解并对话题进行适度扩展,引导观众参与讨论,激发互动,同时保持对话题讨论方向和节奏的把控。

此外,由于观众可以自由留言、发送弹幕,若某位观众提出突发的尖锐话题,高水平的主播能够凭借出色的话题掌控能力巧妙转变方向,最大限度地减轻直播受到的负面影响。

例如,在一场带货直播中,主播正在介绍一款新推出的智能手表。在直播互动中,观众纷纷留言询问手表的防水性能。这时,一位观众提出了一个尖锐的问题:

听说这款手表续航时间很差?

主播立马巧妙地转变方向,以笑容回应:

这是一个很好的问题!其实,我们特别注重续航性能,并在最新版本中做了优化。让我详细给你解释一下……

通过巧妙引导,主播成功地转移了话题,最大限度地减轻了负面影响,继续引领着直播的正常进行。

二、达人主播致歉的常用技巧

在主播直播过程中,时而会面临各种挑战和突发状况,有时即便经过精心策划,仍可能出现让观众感到不满或困扰的情况。这时,一位优秀的主播需要具备娴熟的致歉技巧,以维护与观众之间的良好关系。致歉并非仅仅是说一句"对不起",而是一门细致入微的艺术,能够化解尴尬,修复关系,使直播氛围保持愉悦。接下来,我们将深入探讨达人主播在面对意外状况时常用的致歉技巧,帮助主播更加娴熟地处理各类突发情况,赢得观众的理解和支持。

(一)承认过失,及时道歉

通过真诚地承认错误并进行沟通,主播能够赢得观众的谅解。首先,对于发生的问题,主播应当毫不掩饰地承认过失。这需要主播表达出对错误的认知,注意需避免模棱两可或推卸责任,让观众感受到主播对事件的负责态度。其次,承认过失时应注意语言的选择和表达方式。使用真诚、坦率的措辞,让观众感受到主播的诚意,避免过于复杂或含糊的措辞,保持简洁而明确,以确保信息传达的清晰度。最后,承认过失需要及时道歉,把握时机,果断行动。在互联网时代,信息传播速度飞快,拖延只会加剧用户的不满情绪,而忽视问题只会让局势进一步恶化。若主播在问题激化前及时表达歉意,可以有效避免用户不满情绪的进一步升级。例如,某美妆主播被粉丝指责整容,如果她当时能够迅速回应、积极道歉并澄清,就有可能防止事件扩大。相反,该主播选择置之不理,导致舆论发酵至全网,最终被迫在压力下道歉和说明。虽然最后发布了几千字的道歉文案,但很多粉丝仍认为这是敷衍。若主播在问题初现时采取了积极态度,及时道歉与澄清,或许可以更快地化解危机。如图11—4、图11—5所示,及时、态度诚恳、措辞得当的道歉能最大限度获得观众的谅解。

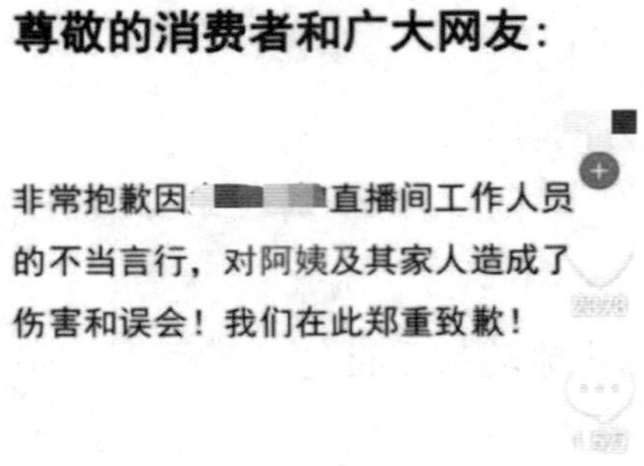

尊敬的消费者和广大网友:

非常抱歉因 ▇▇▇ 直播间工作人员的不当言行,对阿姨及其家人造成了伤害和误会!我们在此郑重致歉!

图11—4 某店因主播不当言行及时道歉

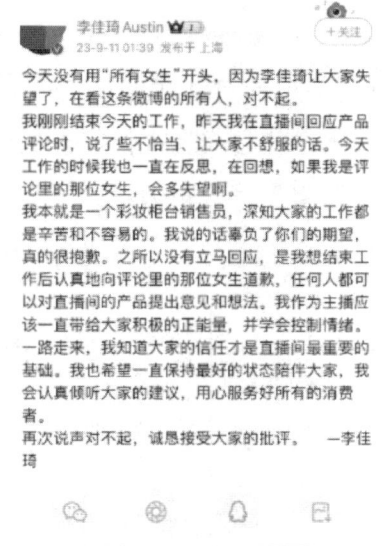

图 11-5　主播发表致歉声明并感谢用户

（二）表达缘由，建立信任

无论直播间出现怎样的失误，只要影响到用户观看，主播都应该及时向用户说明并且主动陈述导致出现失误的原因。通过详细陈述事件的起因，主播传递出真实的有透明度的信息。而观众也毫无疑问更愿意支持那些真实、坦诚的主播，建立牢固的信任关系。对失误、事故原因进行解释说明还体现了主播的责任心和解决问题的决心。观众更倾向于接受一个愿意承认错误并积极改进的主播，这有助于维护主播的形象和声誉。而且，通过清晰表达缘由，主播还能够纠正观众可能存在的误解，避免谣言传播，保护自身声望，同时促使观众更理性地看待事件。

（三）赞美用户，表明态度

当主播面临失误或突发情况时，一种巧妙的致歉技巧是通过赞美观众来展现对观众的尊重和感激之情，同时也有利于化解局面。通过强调观众的监督与批评，主播不仅能够平息一部分负面情绪，同时也能够提升观众对主播的认同感。如主播道歉后可以这么说：

再次感谢家人们对我的监督，我衷心接受并感激每一位提出意见的观众。特别要感谢用户×××及时发现问题，并毫无保留地批评指正。我深刻认识到问题的严重性，对此深感抱歉。我也还要向其他粉丝表达衷心的感谢，感谢你们长期以来的支持。你们的批评是我不断进步的动力，也是对我督促的一种体现。未来，我将一如既往地倾听家人们的意见和建议！

(四)及时补救,给予补偿

主播不仅要通过更正错误信息、澄清误会,或其他方式尽快解决问题,还应考虑提供适当的补偿,以弥补观众因失误而可能遭受的损失。补偿的形式可以因情况而异,包括但不限于提供优惠券、赠送礼品或者提供额外的内容或服务。

达人主播致歉的常用技巧见图11-6归纳。

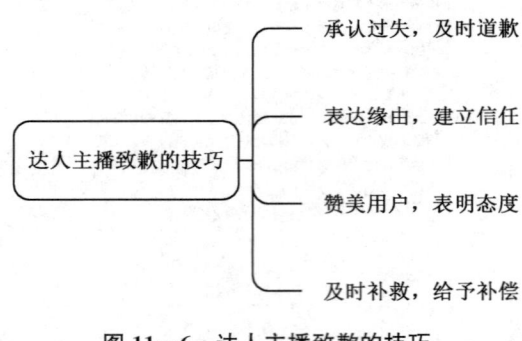

达人主播致歉的技巧：
- 承认过失,及时道歉
- 表达缘由,建立信任
- 赞美用户,表明态度
- 及时补救,给予补偿

图11-6 达人主播致歉的技巧

三、达人主播"翻车"事故处理策略

随着互联网的广泛应用和直播经济的蓬勃发展,越来越多的网络红人主播崭露头角,成为引领时尚、潮流和消费的新生代势力。然而,一些主播在走红之后,由于各种原因却不幸"翻车",引起了社会广泛关注。本节将探讨达人主播"翻车"事故的处理策略。

(一)直播"翻车"的原因

直播行业涉及的主体众多,"翻车"的原因可以从这些主体方进行审视(见图11-7)。

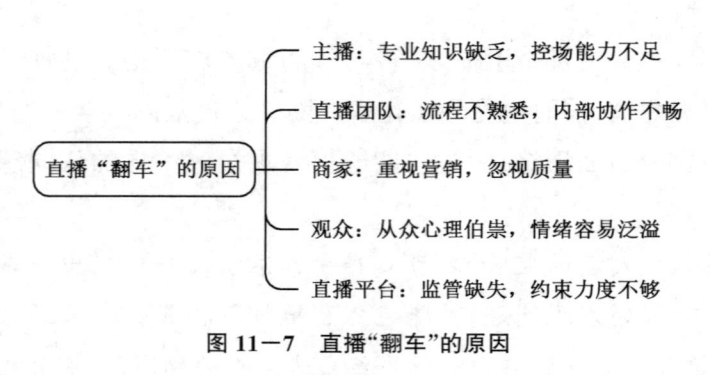

直播"翻车"的原因：
- 主播：专业知识缺乏,控场能力不足
- 直播团队：流程不熟悉,内部协作不畅
- 商家：重视营销,忽视质量
- 观众：从众心理伯崇,情绪容易泛溢
- 直播平台：监管缺失,约束力度不够

图11-7 直播"翻车"的原因

1. 主播：专业知识缺乏,控场能力不足

主播作为直播的核心角色,其翻车的原因大多涉及到专业知识和控场能力方面的问题。一方面，一些主播可能因专业知识的缺乏而陷入困境。在涉及特定领域或主题的直播中，主播如果缺乏相关专业知识，可能难以深入理解和准确传达信息，如在介绍商品时张冠李戴，不了解商品功能，甚至夸大其词，虚假宣传，从而引发观众的质疑或误解。某博主称推荐产品"获诺贝尔化妆学奖"曾登上微博热搜，主要由于微博拥有千万粉丝的某博主，在直播中将推荐的产品 D18 富勒烯眼部精华获得"诺贝尔化学奖"说成"诺贝尔化妆学奖"，引来网友质疑其虚假宣传。如图 11-8 所示，当时的热搜。

图 11-8　某博主称推荐产品获诺贝尔化妆学奖登上微博热搜

另一方面，控场能力的不足也是主播翻车的一大原因。如果主播在控场方面表现不佳，可能导致直播失误得不到解决甚至被放大，直播流程混乱，观众体验下降，进而影响直播的质量和效果。

2. 直播团队：流程不熟悉，内部协作不畅

直播行业中，直播团队是至关重要的组成部分，而直播团队内部的协作和流程是否熟悉直接关系到直播是否顺利。直播团队之所以可能导致翻车，主要原因在流程尚未熟悉和内部协作不畅两个方面。如图 11-9 所示，直播中的团队。

直播过程涉及多个环节，包括技术设备的运作、内容准备、互动处理等，如果团队成员对这些流程不够熟悉，就容易出现操作失误、设备故障等问题，影响直播的正常进行。

内部协作不畅也可能导致信息沟通不畅、任务分配不明确等问题。在一个直播团队中，主播、运营、场控、中控等成员的默契协作和信息畅通对于直播的成功至关重要。如果团队内部协作存在问题，则可能导致信息传递滞后、任务执行不到位，最终

影响整个直播的质量。

图11-9 直播团队

3. 商家：重视营销，忽视质量

品牌营销在现代社会中至关重要，我们也时常看到一些出圈的营销策划。但有些商家在重视营销的同时忽视了对自身商品质量的把控。在营销时，部分商家在直播策划中过于短期化，过度关注即时的销售和曝光，可能会夸大产品功能，夸张使用效果，以吸引更多观众关注和购买。但当实际产品未能达到宣传效果时，观众往往感到失望和不满，或者进行退换货、投诉等操作，最后得不偿失。

4. 观众：从众心理作祟，情绪容易泛滥

根据"羊群效应"可知，直播间中的绝大多数观众都受到强烈的从众心理影响。当他们看到其他人纷纷购买某款商品时，内心便产生了一种潜在的认可，认为这个商品一定有不可忽视的优势。因为大家都在抢购，自己也要迅速行动，免得错过。这种心理驱使观众积极参与，最终完成购物。然而，需要警惕的是在直播销售中可能存在一些数据夸张的情况。有时，主播为了引起观众的购买欲望，可能会夸大商品的优势或者造假销售数据。

另外，由于观众大多以匿名形式在直播间发言，这种匿名性为观众提供了一种相对隐蔽的环境，使他们更愿意分享真实的感受，也更容易在直播中情绪泛滥，导致一些观众在言论上过于激进或不负责任，因为他们不必承担言论后果。

5. 直播平台：监管缺失，约束力度不够

网络直播行业发展迅速，但存在监管滞后的问题。一些直播平台监管不到位，出于自身利益考虑，对主播和商家倾向于容忍的态度。相关审查机制不够严格，甚至不检查主播及其团队是否具备运营资格，也不核实售卖商品是否来源正规并持有相关生产许可证，对直播间内容的监管力度也不足。

（二）直播"翻车"事故处理策略

1. 迅速致歉

在面对直播中的"翻车"事故时，直播团队的迅速反应和明确态度是至关重要的。团队应该在第一时间察觉到问题并立即采取行动，确保情况得到迅速掌控。快速反应有助于减少事件的扩散范围，减少负面影响。当务之急是要表明坦诚的态度并进行道歉，团队需要公开承认存在的问题，毫不回避责任，并向受影响的观众表示深刻的歉意。如图11－10所示，知名直播间的道歉微博。

图11－10　东方甄选的道歉微博

2. 提供恰当的解决方案

除了口头道歉声明与安抚情绪外，观众往往更关注自己的切身利益。因此提供恰当的解决方案是不可缺少的一环。

首先，直播团队应通过直播间互动、私聊等方式主动与受影响的观众进行沟通，了解他们的关切和需求。

其次，提供明确、具体、可行的解决方案。团队应该清晰地向观众阐述问题的解决计划，并在实施过程中及时进行反馈。这不仅能够让观众感受到问题得到了重视，同时也展示了团队的积极应对态度。

最后，团队需要持续关注问题的进展，并随时做出调整。通过提供有效的解决方案，直播团队有望重塑用户信任。

如图11－11所示，某品牌的直播补偿方案。

图11—11 某品牌的直播"翻车"补偿

3. 借助媒体澄清

媒体作为信息传播的桥梁，能够迅速传递直播团队的声音，对于及时纠正误导和消除负面影响至关重要。直播团队应通过媒体平台如微博、微信公众号等发布正式声明，对事件进行解释和澄清，及时回应负面言论和错误信息。发布正式声明的内容一方面应当准确、全面，另一方面要彰显团队道歉的真诚态度。

4. 针对性复盘

当直播团队面临翻车事故时，迅速而有针对性地进行复盘显得至关重要。团队需要梳理事故细节，明确问题根本原因，深入分析决策和执行流程，审视每个环节的合理性，找出存在问题的节点。在复盘的基础上，制订明确的改进计划，避免下次再犯类似的错误。

通过这样的有序复盘流程，直播团队不仅能更好地应对当前问题，还能为将来提升整体运营水平奠定基础。

5. 案例

（1）"翻车"事故过程

在一次直播中，李佳琦向粉丝们推荐了一款不粘锅，并为了突出其实用性，在线使用不粘锅为观众们煎蛋。然而，在助手将鸡蛋打到烧热的锅里时，整个鸡蛋黏在了锅底。此时的他尚未意识到问题，还在与观众互动。在发觉情况不对后，李佳琦试图救场，并直言"它不会粘的，不会糊的"。但鸡蛋仍粘在锅里，李佳琦在直播中遭遇了尴尬局面，实际效果与推荐话术形成了严重差异，在线观众也直呼打脸。如图11—12所示，直播"翻车"现场。

图 11-12　不粘锅"翻车"现场

（2）导致本次"翻车"事故的原因

直播结束后，品牌方表示，锅没有问题，是主播不会使用导致。一方面，主播李佳琦以美妆带货闻名，在其他带货的产品方面可能存在了解不够充分的问题。另一方面，李佳琦和助手在使用不粘锅过程中可能出现失误，如未正确预热、涂抹油脂不足等，而这也可能导致产品无法达到预期效果。

（3）主播李佳琦的"翻车"事故处理对策

做法一：及时道歉。李佳琦在意识到问题的情况下第一时间在直播间回复观众，并且向观众道歉，承认出现了问题是由于自身团队使用方法不对。通过直接面对，并表达内心真诚的歉意，有助于缓解用户的不满情绪。

做法二：下架涉事产品。为了积极应对问题，李佳琦采取下架涉事产品的措施，以防止更多观众受到不良影响。这种果断的行动有助于遏制问题扩散，也显示李佳琦对质量问题的认真态度。

做法三：借助媒体澄清。李佳琦在接受澎湃新闻采访时对本次不粘锅翻车事件进行了澄清，他表示其原因是在使用这款不粘锅时，展示人员没有按照说明书上要求的"先放入水煮沸后倒掉"进行"开锅"操作。而他自己用了几个月也从未出现过粘锅的情况。这件事情过后,团队也一直在寻找最合适的机会和场所向公众说明。之后在综艺《吐槽大会》上也提及该起事故并澄清。如图11-13所示当时的澄清过程。

做法四:感谢用户,恳请监督。李佳琦在处理事故时还表示感谢观众对其监督,表达了对观众意见的重视。这种积极回应不仅有助于建立信任关系,修复因事故受损的声誉,也展示了主播对业务和产品质量的责任心。

图11-13 李佳琦在综艺节目《吐槽大会》上的澄清

项目十二　走出舒适期

项目任务操练：拟订品牌主理人项目计划书

随着大部分主播能力的不断提升，业务处理思维逻辑性不断完善，大家都开始探究主播后面的职业发展路径。作为达人主播，最好的发展路径就是以个人名声积累的粉丝群体为基础，建立自己的品牌或服务公司，通过标准化的运营运作后，去不断裂变复制更多的用户群体和客户。简单来说，就是借用自己现有名气，直接创业，然后实现自身盈利或资本投资都即可。现在要做的就是要把我们的规划形成方案，对外宣讲。

项目任务书

项目十二任务书的内容见表12—1。

表12—1　　　　　　　　　　　项目十二任务书

理论学时	2课时	实操学时	4课时
知识目标	(1)掌握项目计划书的内容框架 (2)了解各种商业项目的整体运营模式 (3)熟悉个人IP创业的思路方法		
技能目标	(1)学会品牌项目计划书撰写 (2)掌握各种创业项目类型从0—1的方法		
素养目标	(1)掌握老板思维，从老板角度思考项目运营方案 (2)以学生身份锻炼"创业者"思维，确定每个项目运营过程符合真实的商业行为		
项目任务书描述	完成品牌主理人项目计划书撰写		

续表

理论学时	2 课时	实操学时	4 课时
学习方法	(1)动手实践 (2)对标账号学习		
所涉及的专业知识	(1)商业项目的运营模式 (2)商业项目计划书的撰写流程 (3)商业项目计划书的各种分析思维学习		
本任务与其他任务的关系	本书的最后一个项目。我们都希望大家能够发挥个人 IP 价值,实现创业梦想。所以本次任务书主要就是引导大家大胆规划,去思考策划未来的商业发展		
学习材料与工具	商业项目计划书模板 1 份		
学习组织方式	全部流程以个人为单位组织,完成整个作业的所有内容		

项目指导书

完成本项目任务的基本路径见图 12—1。

确定商业模式 → 制定发展规划目标 → 完成SWOT分析 → 制订执行方案

完成项目计划书 ← 思考存在风险 ←

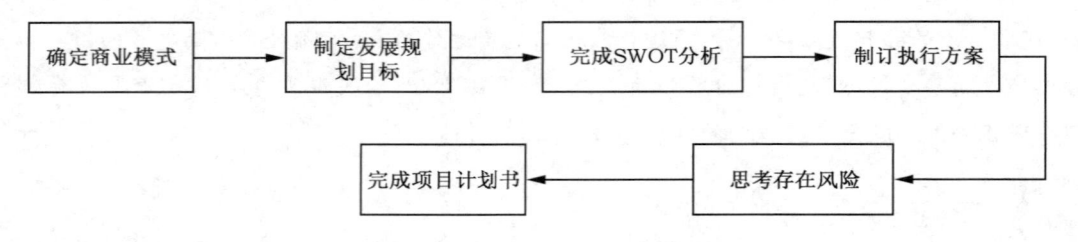

图 12—1　完成任务的基本路径

第一步:确定商业模式。

创业第一步,就是要确定商业模板。什么是商业模式,就是整个项目最后的运作模式和盈利模式。目前互联网上常用的商业模式主要就三种:平台模式、直销模式、服务商模式。

(1)平台模式:就是以自己的名声,形成一个平台。在这个平台上,只要和你粉丝画像相同的产品厂家都可以在你这里进行销货品牌宣传。不论是淘宝平台还是小杨哥这种 IP,前期都是这种平台模式。

(2)直销模式:自己建立品牌,联系供应链,制作产品,销售产品,完成客户管理。简单来说就是自己的产品自己卖。如"东方甄选"后期逐步建立了自己的"东方甄选"商标和东方甄选 App,实现了自己的产品自己卖。

(3)服务商模式:不建平台,不做供应链,只做服务。就像很多互联网相关产品的服务商,如抖音里面的"海豚知道",主要就是帮知识付费的主播做课程的。微信里面的"微盟"主要就是做微信商城的。

第二步:制订发展规划目标。

发展目标就是我们未来想做到的程度。既要考虑现实条件,也要结合发展机遇扩大目标。在设定目标的过程中,主要就是两个目标:销售目标和品牌目标。销售目标最直接,就是我们希望在未来能卖多少钱,能有多少营业收入。品牌目标就是希望我们品牌的名气、口碑、传播度能做到哪种程度。是做到湖北第一呢?还是中国第一?

第三步:完成 SOWT 分析。

SWOT 分析方法我们在前面已经讲过了。但是这次的 SWOT 的分析立足点不同。这次是为了创业,为了实现我们的品牌梦想。所以我们考虑的机会、威胁这些外部关系就要更高一个层面,要从行业、政策等多个层面去做 SWOT 分析。

第四步:制订执行方案。

制订执行方案,准确地讲就是要写清楚,在什么时间做、做什么事、达到什么样的标准、谁来完成这件事了,这是最核心的一步。

制订执行方案,我们一般都是通过目标倒推来计划我们应该做的事情。如我们今年定的目标是销售 1 000 万元。那么从行政、财务、宣传、销售、客服、售后、工厂、研发多个部门应该要做哪些事情?要做到哪种程度?

第五步:思考存在风险。

风险分内外。内部风险主要就是人、财、物三个方面:"人"招不招得来,留不留得住;"财"够不够用,投产能不能回本;"物"就是我们的产品研发能不能到位。如果是重产品的创业团队,那么产品研发进度就很重要。

外部风险主要来自市场发展和竞争对手。市场用户的需求会不会在某个时间段内出现变化,竞争对手会不会在某个时间段做出一些重要的策略,都是我们要思考的风险。

第六步:完成项目计划书。

从第一步到第五步,就是我们整个项目计划书的整体策划过程。最后一步就是形成方案。以下就是项目计划书模板。

一、项目介绍

我们项目是做什么的?项目故事、愿景等。

二、商业模式

商业模式就是我们前面讲到的整个项目的盈利模式是什么样的。

三、发展规划

发展规划从品牌层面和业务层面两个角度进行设想未来一到两年的计划。

四、SWOT 分析

(1) 优势。

(2) 劣势。

(3) 机会。

(4) 威胁。

五、执行方案

(1) 不同阶段的目标。

(2) 不同阶段各个部门要做的是（产品部、销售部、商务部等）。

(3) 不同部门每个阶段要达到的标准和责任人。

六、风险分析

(1) 内部风险。

(2) 外部风险。

七、项目目标

(1) 销售目标。

(2) 品牌目标。

项目任务评价标准及评分表

表 12—2 为本项目任务评价标准及评分表。

表 12—2　　　　　　　　　　　项目任务评价标准及评分表

项目任务	评分标准	分值	得分
项目策划	了解各种类型的商业模式,在商业模式选择中,要结合自身优势和未来发展	10	
	发展规划设计清晰合理,对于未来设计有阶段目标拆解	10	
	SWOT分析内容完整,对内对外分析全部结合各种客观数据	10	
	SWOT分析内容角度正确,从商业角度解剖各种分析	10	
	熟悉项目整体节奏安排,在执行方案上有明确的时间、人员、完成进度、标准等内容要求	10	
	掌握整个项目的组织架构,对于人员安排模块,组织架构划分合理	10	
	了解项目风险分类,在风险描述上,角度全面、内容丰富	10	
计划书制作	了解项目计划书内容结构,全文结构完整,内容原创真实	10	
	熟悉项目计划书格式要求,正文五号,一级标题小四,全文宋体。段落首行缩进2字符,行距1.5倍	10	
	计划书格式正规,有封面、目录、页眉、页码四项内容	10	

知识准备

一、带货主播职业发展路径

近年来,随着互联网技术的快速发展和电商行业的崛起,带货主播已然成为炙手可热的职业。他们通过直播平台向观众展示和推销商品,为商家带来可观的销售额。然而,带货主播职业发展路径并非一成不变的,它具有超强的生命力和无限可能性,主播需要不断学习和提升自身能力。我们将深入探讨带货主播的职业发展路径,以期为从业者提供有益的参考。

带货主播的职业发展路径可以有多种,如图12—2所示,图中展示了一些可能的发展路径:

(一)专业化路径

随着带货主播行业的竞争加剧,专业化和细分化将成为主播发展的重要方向。主播可以通过学习专业知识、提高自身专业素养,向某个领域或产品线的深度挖掘,形成自己的特色和品牌。

(二)团队化路径

目前,单打独斗的主播很难在竞争激烈的市场中立足。因此,一些主播会选择组建自己的团队,通过团队协作来提升整体运营能力。团队中可以有助手、策划、运营

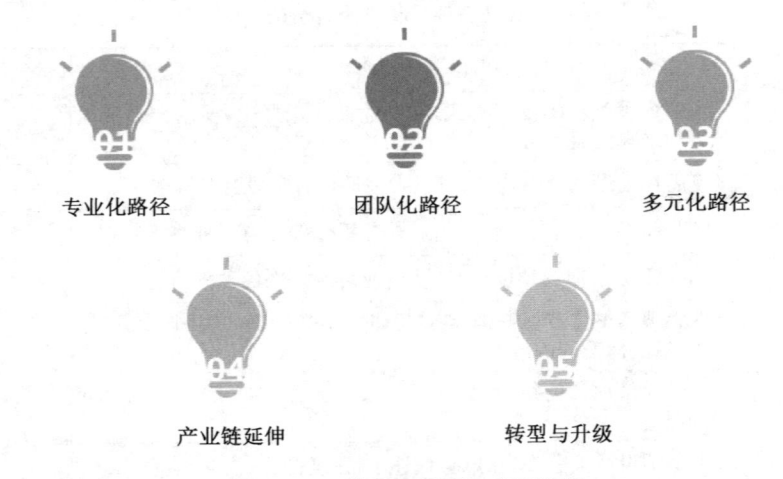

图 12—2　带货主播职业发展路径

等人员,共同为主播的事业发展助力。

(三)多元化路径

为了拓宽自己的受众群体和增加收入来源,一些主播会选择多元化的发展路径。如除了直播带货外,还可以尝试短视频、社交媒体等其他平台的发展,或者尝试涉足其他领域,如线下活动、品牌代言等。

(四)产业链延伸

一些成功的主播会考虑向产业链的上下游延伸,如建立自己的品牌、开发自己的产品等。这样可以更好地掌握供应链,同时也可以为主播的事业发展提供更稳定的收入来源。

(五)转型与升级

随着市场的变化和自身发展的需要,一些主播可能会考虑转型或升级自己的职业发展路径。例如,从个人主播转型为团队运营,或者从单一的带货主播升级为全能型主持人或娱乐明星等。

二、带货主播职业发展路径综合案例

示例(一)

小宋,一名电子商务专业的学生,她在校实训的直播带货经历,记录着她从懵懂到明晰、从挫败到胜利的心路历程。

2022年5月,小宋初入直播带货领域,为品牌欧莱雅工作。虽然使用的是素人号且没有工资,但她坚信自己的才华和努力会得到认可。然而,3个月的时间过去了,账号并未有明显起色,与运营团队的关系也并不融洽。小宋开始怀疑自己,甚至一度考虑退出。

2022年8月,在老师的引荐下,小宋参与了汉口北睡衣项目。这次,甲方采用了付费起号的方式,数据增长非常快。作为主播,她获得了很大的成就感。然而,最终项目因为供应链价格问题而失败。这次经历让小宋意识到,电商直播的成功不仅依赖于个人魅力,更依赖于整个团队的协作。

2022年12月,在经历了一系列项目后,小宋开始尝试拍摄个人IP短视频。最初的4个月里,播放量仅维持在700~1 000之间,这让她倍感挫败。那时,她真的差点就放弃了。然而,正是这段艰难的时光,让她学会了坚持和自我调整。

2023年3月,为了更加稳健地发展,小宋选择加入了一个拥有品牌、供应链和付费投流的直播间——香蒲丽。在这个团队中,小宋找到了归属感,她的直播事业逐步步入正轨,一直持续到她毕业。更令人欣喜的是,她的个人账号在这个项目中厚积薄发一夜爆红。这一阶段的成功,让小宋明白了团队的力量和坚持的意义。

2023年6月毕业后,小宋借助个人账号形成的IP效应,开始为英语培训相关品牌进行带货直播。这一次,她不再是一个人战斗。借用当时在项目部积累了一些人脉关系,她带领着一支专业团队,凭借出色的创意和策划能力,成为电商界的新宠儿。她用自己独特的方式证明了电商的无限可能。

拆解

小宋的成功案例给我们带来的思考:

(1)看准行业红利期,抓紧入局。2022年是抖音发展最旺盛的时候,也是个人IP商业变现的重要一年。

(2)善于分析局势,借用工具发挥个人最大价值。小宋善于对自己和市场做SWOT分析,深度挖掘自身优势,利用自身颜值和英语口语技能,设定人设。

(3)明确商业模式,稳中求胜。小宋在自己的成长道路上,首先找了一份稳定工作、确定的收入来源;其次,在个人IP形成后,利用品牌服务赚取第一桶金;最后,才是和供应链合作,扩大粉丝经济,既稳住局面,又在逐步前进。

(4)团队管理,分工协作。小宋在毕业创业时并非单打独斗,而是和自己曾经项目部同学一起,以完善的组织架构,面对市场竞争,才得以逐步走下来。

示例(二)

"念乡人周周",本名周某,是一位来自农村的"90后"青年。因为一次偶然的机会,他接触了短视频。在过去的几年里,他通过在抖音平台上分享村的风景、食物和他与乡亲们的故事时,总会有许多与他有相同情感的人留言、点赞。他看到了乡村的价值,也看到了乡村与都市之间的情感连接。随着粉丝数量的不断增长,以及直播行业的迅猛发展,周某发现了数字营销的巨大潜力。此时,直播带货的风潮正席卷全国,而他与乡村的情感连接正是他的优势。他开始策划直播,向粉丝们介绍乡村的特色产品,讲述那些关于土地、关于人的故事。他不仅仅是一个带货主播,更是一个传递乡村文化的使者。他带货的不仅仅是产品,更是那份对故乡的思念和情感。

他的直播间里总是充满了温暖和感动。他深知,要真正做好这件事,就必须扎根于乡村,了解每一件产品的背后故事。于是,他开始与农户、手工艺人深入交流,确保每一个产品都是最好的。而他的直播间,也成了乡村与都市之间的一座桥梁。通过与粉丝互动,周某积极收集反馈,对推广产品进行持续优化,同时增强粉丝的参与感和归属感。为了寻求乡村发展,周某主动联系当地农户和手工艺人,带领乡亲们共同致富。他还与电商平台达成合作,为产品提供线上销售渠道。

经过一段时间的努力,"念乡人周周"的带货直播取得了显著成果,通过直播带货,许多农户的产品打开了销路,增加了收入,改善了生活,合作产品的销量得到了大幅提升,当地特色产品走出了乡村,走进了更多家庭。越来越多的观众知道了"念乡人周周"和合作品牌,提升了品牌知名度。

展望未来,他计划成立自己的品牌,为乡村经济的发展做出更大的贡献。

拆解

周某的成功案例给我们带来的思考:开发自有产品和深入掌握供应链来完成。

(1)团队管理。组建一支专业团队是关键,这不仅可以提高内容制作效率,还能在团队成员间形成良好的协同效应,提升整体竞争力。

(2)品牌建设。建立个人品牌是主播职业长远发展的核心。通过精准定位和持续打造个人形象,能够吸引更多目标受众,提升用户黏性。

(3)商业模式。开发自有产品是主播实现商业变现的重要途径。这不仅可以增加收入来源,还能为主播带来更多商业合作机会。

(4)供应链稳定。深入掌握供应链是主播职业长远发展的基础。通过与优质供应商建立长期合作关系,确保产品质量和供应稳定,同时降低运营成本。

(5)持续发展。只有跳出舒适区,全面提升自身实力,才能在激烈的市场竞争中立于不败之地。

三、直播间人员构成与岗位分工

在直播行业的快速发展中,一个高效、专业的直播团队是确保直播顺利进行的关键。主播是直播内容的灵魂,而运营则是确保直播顺利进行的关键,场控、拍摄和后期制作人员是直播呈现的技术支撑,客服人员则是直播效果的成果支持,一个完整的直播团队离不开各个角色的共同协作与努力。如图12—3所示,直播团队的各部门分工。

图12—3 直播间岗位分工

(1)主播。他是直播间的核心,负责商品介绍、互动交流、活动主持等环节。他需要具备良好的口才、表达能力以及专业知识等。

(2)运营人员。负责整个直播过程的策划、组织和执行。他们需要具备创意、组织和管理能力,能够制订直播计划、安排直播流程、管理直播团队等。

(3)场控。是直播团队的助手,负责协助主播进行商品准备、演示、调试等工作。他们需要细心、耐心、勤快,能够快速响应主播的需求。

(4)拍摄和后期制作人员。负责直播内容的拍摄、剪辑和后期处理。他们需要具备摄影、摄像、音频录制等技能,能够使用相关软件进行后期制作。

(5)客服人员。负责解答观众的疑问、处理投诉等售后服务工作。他们需要具备良好的沟通能力和服务意识,能够为观众提供优质的服务。

此外,根据不同类型和规模的直播间,还可能需要其他岗位,如化妆师、导播、灯光师等。一个优秀的主播需要一个专业的运营团队来支持,而一个高效的运营团队也需要优秀的主播来吸引观众。在协同发展的过程中,主播和运营团队需要不断沟通、磨合,共同制订策略,以满足观众的需求。同时,双方还需要关注行业动态和技术创新,以便及时调整自己的工作方式。总之,一个优秀的直播团队只有各司其职、协同合作,才能打造出高质量的直播内容,提升观众的观看体验和购买意愿。

参考文献

[1]李勇,李勇坚.成为主播[M].北京:中国人民大学出版社,2021.
[2]刘东风,王红梅.直播销售与主播素养[M].北京:中国人民大学出版社,2022.
[3]张翰之,张译升.直播带货[M].北京:化学工业出版社,2022.
[4]刘星辛,牟立波.直播运营[M].北京:人民邮电出版社,2023.